U0137802

吕思勉国史课

上

吕思勉 • 著　　程念祺 • 导读　　李波 • 注释

上海古籍出版社

图书在版编目(CIP)数据

吕思勉国史课 / 吕思勉著;程念祺导读;李波注
释. —上海:上海古籍出版社,2022.8
ISBN 978-7-5732-0291-8

Ⅰ.①吕… Ⅱ.①吕… ②程… ③李… Ⅲ.①中国历
史—通俗读物 Ⅳ.①K209

中国版本图书馆 CIP 数据核字(2022)第 094639 号

吕思勉国史课

(全二册)

吕思勉 著

程念祺 导读

李 波 注释

上海古籍出版社出版发行

(上海市闵行区号景路 159 弄 1－5 号 A 座 5F 邮政编码 201101)

(1) 网址:www.guji.com.cn

(2) E-mail:guji1@guji.com.cn

(3) 易文网网址:www.ewen.co

上海颛辉印刷厂有限公司印刷

开本 890×1240 1/32 印张 19.75 插页 8 字数 461,000
2022 年 8 月第 1 版 2022 年 8 月第 1 次印刷
ISBN 978－7－5732－0291－8
K·3158 定价:82.00 元

如有质量问题,请与承印公司联系

吕思勉

（摄于 1952 年）

第一 太古（一時間）

教材
〇中華位於亞洲之東南太古之民略分二種苗種初居本部。
〇華種起於帕米爾高原（在我國極西境）次第東來漸蕃殖於黃河流域苗種益徙而南其地逐為華種所有相傳首出御世者曰盤古繼為三皇未有文字無史可稽生活狀況穴居野處茹毛飲血而已。

要旨 本課授太古概略俾知華種所由來以引起其歷史進化之觀念。

預習
（一）於課前指定下列數事使先分時自習之。
（二）課文遇有難解字句錄入筆記簿（下同）
（三）以教師所繪華種東徙圖為藍本摹繪之。

準備 繪華種東徙圖如下。

教授次序
（甲）預備
（一）檢查預習 令各出圖簿教師巡閱地圖則查其有無不合

帕米爾高原　擴根種地　崙崑　地徙東種華　華種　地擴根種苗　苗種　苗種退　處地

书影（一）

（不合者使改正之）筆記簿則查其何處不解俾敎時知所注意。（下同）

（三）指示目的 （此課爲全書發端故指示項下彙及本書大旨）（下同）

書歷史二字於板告以史者記事之書也歷經歷也取已經經歷之事記之於書爲後人之明鑑也我國立於世界之上有數千年之文化卽有數千年之經歷歷不考歷史惡知文化所由來故高等小學特設歷史一科以供諸生之研究今日所授之書卽中華歷史是也

逃一人之歷史必自其最初時代始述一國之歷史亦宜然卽板書課題（太右）示之曰此卽歷史最初時代之名本課則逃中華之最初時代

（乙）提示

（一）講第一節（起課首至略分二種止）亞洲（卽亞細亞之簡稱）爲世界五大洲之一中華卽位於其東南一部分太古之民卽中華最初之人民也鴻荒甫闢種類不齊大略可分爲二 教師範讀正其句讀再指生口述大義（如誤）則略逃前講復字朗讀一遍令諸生開書同聽之（如誤）講畢指生將本節文演之（下同）

（二）講第二節（起苗種初居至華種所有止）上節所稱二種卽苗種華種是也先是中華本部止有苗種華種則在極西之帕米爾高原未幾陸續東來卽以黃河流域爲殖民地苗種勢力不敵避徙南方至是華種遂占有中原之地（苗種今湖南貴州四川雲南等省猶有之分生熟二種）華種卽澳族最初之民族對於苗故稱華華字有光華美麗之意我國之稱中華實基於此帕米爾高原在亞洲之中央全洲

书影（二）

山脈皆發於此、　黃河流域今甘肅陝西山西河南山東直隸六省地太古時中華之地止此）、　講畢

（同上）

●●

（三）講第三節（起相傳首出御世至課末止）御統治也盤古首出以三皇相傳爲華種東遷之君長無史可稽以未有文字故穴居野處以未有宮室故茹毛飲血以未知烹飪未知稱穀故太古之生活狀況大略如此。（盤古卽盤古氏一曰渾敦氏三皇卽繼盤古而治者曰天皇氏曰地皇氏曰人皇氏並見中華舊史、

穴土窟、　茹食也弋獵鳥獸之肉連毛帶血而飲食之也）　講畢（同上）

（丙）整理

（一）回講　令生徒將各節文字或分或合輪流口逃逃時宜將敎師已講演者略畢大概

（二）約述　使答下列各項不許閱書　(1)中華最初爲何時代　(2)華種起於何處其後蕃殖在何流域　(3)中華因何得名　(4)中華本部位置在亞洲何方　(5)首出御世者何人。

（三）絡比較　(1)黃河流域在帕米爾高原何方　(2)太古時之生活觀今日若何。

（四）思考　(1)華種何以勝於苗種　(2)中華至今尚無文字將若何。

（五）作表及填註地圖　令生徒就本文摘要分類試作簡表（如不能作）書左式於板示之使載入筆記簿。

苗種 ｛ 初居地——中國本部
　　　　所徙地——中國南方

书影（三）

太古民族

華種

發源地——帕米爾高原

蕃殖地——黃河流域

最初之主——盤古—三皇

最初生活——穴居野處茹毛飲血

備考

華苗二種。其初蓋皆自崑崙東徙者。華種沿黃河東徙。苗種沿長江東徙。何以知之。按遞甲開山圖云。

天皇被迹在柱州崑崙山下。地皇與於熊耳龍門山。人皇生於利馬山提地之國柱州以崑崙山高若天柱然。

故名（通鑑外紀）崑崙爲河源所自出。（史記）則今青海巴顏哈喇地方也熊耳龍門俱在今河南

山西利馬山舊說在蜀地即閬伯特之晉轉亦即吐蕃之音轉（古讀蕃如播）今青海古亦藏地也故是

圖以崑崙爲華種根據地書寫三苗於三危三危即今西藏所謂梁州黑水即今哈喇烏蘇（怒江）其地蓋苗

種初居及入中國則居湘贛二省開故左傳云三苗之國左洞庭右彭蠡厥後爲華所敗自洞庭沿沅江西

南徙遂偏布於雲貴兩廣故歷代史籍皆以武陵五谿爲南蠻之正支也故此圖以今西藏爲苗種根據地洞

庭鄱陽之間爲苗族之東徙地沅江流域及南嶺山脈一帶爲苗種退處之地。此等考據萬勿爲學生言之。

但舉以供教員之參證而已圖中今地名悉使學生於預習時自書之關於歷史上各名詞。至授課時然後書

於黑板令學生照填。

原书体例说明

◎ 教材——课文全文

◎ 要旨——本课主旨

◎ 准备——课程准备：本课相关图片、世系表等

◎ 预习——课程预习：记录笔记、绘制地图或复习前课

◎ 教授次序——教学过程

（甲）预备——检查学生预习情况，告知学生学习目标

（乙）提示——课文分段详解，附以字词注释等

（丙）整理——课堂总结

（一）回讲——课堂复习

（二）约述——课堂提问

（三）联络比较——联系前后课程及其他科目

（四）思考——启发思考

（五）作表——思维导图、地图等

◎ 备考——课后延伸：重要历史事件、人物由来始末的深度解读

序论 [*]

李永圻

说起历史学家吕思勉先生，大家都知道他撰述过《白话本国史》和先秦至隋唐的四部断代史，还有厚厚三大册的《读史札记》等。其实，吕先生还编撰过好多种中小学的教科书，除了历史一科之外，他撰写的教科书有国文、地理、修身等好几个科目。据我们的统计，吕先生编撰出版的中小学教科书，有十六种：

（1）《新编中华民国　国文教科书》，十二册，上海民国南洋图书沪局 1913 年版；

（2）《新编共和　修身教授书》，十二册，上海民国南洋图书沪局 1913 年版；

（3）《高等小学　新修身教授书》，九册，上海中国图书公司和记 1914 年版；

（4）《高等小学用　新式最新国文教科书》，六册，中华书局 1916 年版；

（5）《高等小学校用　新式国文教授书》，六册，中华书局

1916—1917 年版；

（6）《高等小学校用　新式地理教科书》，六册，中华书局 1916
年版；

（7）《高等小学校用　新式地理教授书》，六册，中华书局
1916—1917 年版；

（8）《高等小学校用　新式历史教授书》，六册，中华书局
1916—1917 年版；

（9）《新法　国语教科书》，六册，商务印书馆 1920 年版；

（10）《高等小学校用　新法历史参考书》，六册，商务印书
馆 1920—1922 年版；

（11）《新学制高级中学教科书　本国史》，商务印书馆 1924
年版；

（12）《复兴高级中学教科书　本国史》，二册，商务印书馆 1934
年版；

（13）《高中复习丛书　本国史》，商务印书馆 1935 年版；

（14）《初中标准教本　本国史》，四册，上海中学生书局 1935
年版；

（15）《更新初级中学教科书　本国史》，四册，商务印书馆 1937
年版；

（16）《初级中学适用　本国史补充读本》，上海中学生书
店 1946 年版。

还有当年学校的油印讲义，以及几种由当年学生记录成册的讲
义，现在经过整理，出版成书的也有七种：

（1）《中国文化史六讲》，1929、1930 年任教于江苏省立常州中
学油印讲义；

（2）《〈古文观止〉评讲录》，1942 年任教常州青云中学高二国文

课讲义；

（3）《本国史（元至民国）》，1942 年任教常州青云中学高二本国史讲义；

（4）《中国文化史》，1942 年任教常州青云中学高二课程讲义；

（5）《国学概论》，1942 年任教常州青云中学高二课程讲义；

（6）《中国近百年史概论》，1942、1943 年任教常州辅华中学（今常州市第三中学）的油印讲稿；

（7）《本国史复习大略》，1944、1945 年在常州郊外湟里（今常州埠头）博文中学"中国史讲座"的油印讲义。

两者合计，总共有二十三种，其中历史类的有十四种，地理类的二种，修身类的二种，国文类的五种。这些教科书，大多是吕先生独撰的，有几种是吕先生与人合撰的；一位著名的历史学家编撰过这么多的中小学教科书和教学参考书，这在民国年间，乃至今日的学术界也是很少见的。

吕先生一生从事文史的教育工作，与一般教学工作者不同的是，他的教师生涯是从小学（常州私立溪山两级小学堂）开始，进而中学，后来才进入到大学任教。他教过的科目，自以历史为最多，除历史之外，还教授过国文、地理等。1907 年，二十四岁的吕思勉先生在常州府中学堂任教，这一年的冬季，钱穆先生也进入常州府中读书，吕先生的地理课令他终身难忘，他后来写道："诚之师不修边幅，上堂后，尽在讲台上来往行走，口中娓娓不断，但绝无一言半句闲言旁语羼入，而时有鸿议创论，同学争相推敬。其上地理课，必带一上海商务印书馆印中国大地图。先将各页拆开，讲一省，择取一图。先在附带一小黑板上画一十字形，然后绘此一省之四至界线，说明此一省之位置。再在界内绘山脉，次及河流湖泽。说明山水自然地理后，再加注都市城镇关卡及交通道路等。一省讲完，小黑板上所绘地图,五色粉笔缤纷皆是。听者如身历其境,永不忘怀。"(钱穆:《八十忆双亲 师友杂忆》,生活·读书·新知三联书店1998年版,第60页)可见,虽是中学里的地理课,吕先生的讲课、备课也是极其用心的。他不仅教课、备课用心,还对教学中遇到的一些问题,做深入的探讨,写成文章,供教学界的同人参考和研讨。他最早写成的学术性文章,就是讨论小学国文课的教学和学习的,如《小学教授国语宜用俗语说》《初等小学国语科宜用通俗文议》《全国初等小学均宜用通俗文以统一国语议》和《修习国文之简易法》等(除《初等小学国语科宜用通俗文议》仅存篇目外,现均收入上海古籍出版社《吕思勉全集》第十一册,2015年版)。早年,他还在南通国文专修馆教授过公文写作课,在上海私立甲种商业学校教授过应用文字课,又参考日文教科书,教授商业经济、商业地理等课。十多年的中小学教学实践,为他的教科书编撰工作,积累了丰富的教学经验和学术资料。1914至1918年,吕先生经人介绍,进上海中华书局任编辑,主要从事教科书、教授书和教学参考书的编撰。1919年,又一度进上海商务印书馆任编辑。大体说来,20世纪二十年代前,吕先生编辑的都是小学的教科书和教学参考书,科目涉及历史、国文、地理、修身;20世纪二十年代后,编撰的多是初高中的教科书,大多是历史教科书。这些教科书或教学参考书,不仅是研究民国中小学教育、民国教科书的重要资料,也是我们今天学习历史、国文等科目仍有价值的参考书。

《历史课》即《高等小学校用 新式历史教授书》,原系吕先生与庄启传先生合编的一部教学参考书。全书分六册,依《高等小学校用 新式历史教科书》编撰,前四册以历史人物的活动为主线来讲授自炎黄时代至辛亥革命的中国史;后二册以通史的方式对中国历史做提纲挈领式的概述,带有回顾复习的性质。此书除了全录教科书的课文外，又设有要旨、准备、预习、教授次序、备考等内容，以便于教师备课检索和参考。《历史教授书》由中华书局于 1916 年 9 月至 1917 年 1 月初版，后曾多次再版重印：如第一册有 1923 年 5 月第十八版；第二册有 1922 年 4 月第十二版；第三册有 1923 年 9 月第十四版；第四册有 1924 年 6 月第十二版；第五册有 1923 年 9 月第十四版；第六册有 1924 年 6 月第十四版等，是当年发行量较大的一部历史教学参考书。

此次选编的这本教科书，是以上海古籍出版社《吕思勉全集》第二十二册《高等小学校用　新式历史教授书》为基础，再以初版本校订，除了订正原书的一些讹误之外，其他都未作改动，以保存著作的原貌；为便于读者的阅读学习，请山东农业大学的李波先生做了校对整理，并加注释，又请程念祺先生撰写一篇导读。程先生是历史学家程应镠先生的哲嗣，曾任职于上海社科院历史研究所，对中国经济史深有研究，也是吕思勉研究的专家。他也曾在上海中学任教多年。故由他撰写的《导读》，既写出他研读吕先生著述的体会，也融入了他讲授中学历史课程的心得，有助于读者阅读、理解。

2016 年 12 月

导读

程念祺

1916 年,吕思勉先生为中华书局出版、教育部审定的《高等小学校用 新式历史教科书》(以下称《教科书》),专门撰写了《高等小学校用 新式历史教授书》(以下称《教授书》)。《教授书》的合作者是庄启传先生。他们的合作,应是为了使《教授书》的编写更切合教学要求。至于《教授书》的编撰旨趣与行文风格,则与吕先生后来所著作的各类中小学中国历史教科书及复习、参考书颇为合拍。

时至今日,因为课程安排不同,这本民国时期的高小本国史《教授书》,已不适用于今日的小学。但是,对于今日初中本国史教学,它却是一本不可多得的参考书。这是因为,当时的学校难以配备诸多古籍,为便于教师备课,《教授书》除了精选正史材料之外,于诸子百家、儒学经典,以及稗官野史亦多所征引,于近代史料更是博考群籍,辑而录其可靠者。今日的中学历史教师,如认真读过这本《教授书》,他的本国史教学水平一定会有极大的提高,他的本国史修养也会有一个飞跃。

《教科书》共分六册。前四册主要是根据中国历史各阶段的特点和朝代变化,讲重要的历史人物及相关的历史事件;五、六两册讲解中国历史的基本进程和文化特点。而相应的六册《教授书》,为教师讲解和辅导学生学习《教科书》，不仅提供了丰富、完整，且来龙去脉清楚的历史知识，也为培养学生的学习和概括能力，以及联系和发现问题的能力，提供了一系列有效的方法和步骤。《教授书》最根本的目标，是指导教师培养学生学习和思考的主动性。故其每一课程，除了录入简短的课文，更多的是对该课的讲授要旨、准备、预习、讲课次序、整理知识，作合理的安排，要言不烦地讲解重要的知识点。

如《教授书》讲《唐尧》，首先点出此课之要旨，在于使学生知道"古帝施仁政，及不私有天下之盛治（即禅让）"；并指示教师先将黄帝至尧的世系作一整理。接下来，教师安排学生课堂预习：一是根据教师要求，作从黄帝到尧的世系表；二是将尧时历法的出现，与黄帝时算学的产生加以联系。作世系表，显然有助于学生的听课与记忆，使之能将所学内容条理化，并抓得住课文的重点。而让学生联系之前已教过的内容，则有助于培养学生认识历史进程中各种相关性的能力。

至于教师的讲课次序，首先是预备。其步骤，一是检查学生对课文的预习情况，二是将讲课要旨进一步具体化。如在检查学生预习《唐尧》一课的情况后，教师首先板书："黄帝以来，帝位相承，其不私有天下，而付托于有德之人者，自何人始。"然后，针对这一问题，对教师该如何讲解作具体的提示，并以相关事例进行说明。凡此类具体提示，其征引文献和所作解释，均为各课重点，《教授书》无不讲解得允明得当。

每一课讲完，都有课后整理。其步骤是将课堂上所讲解的知识，更加条理化，也更加概括。这种整理，做得非常切实，使学生能够通过预设的种种具体提问，加深对基本史实的记忆；并通过勾连和比较，对历史人物的所作所为及其特点，有一个清晰的认识。随着教程的不断进展,学生掌握的历史知识越来越丰富,《教授书》在课程整理时所能提出的问题,也就越来越广泛、深入和有趣。

如《教授书》讲完《于谦》这一课,在整理过程中,就设计了这样两个问题:一是明英宗何以能复辟?一是明英宗能南归,宋之徽、钦二宗终于北狩,其故安在?《教授书》在讲授《岳飞》时,曾讲过岳飞因为坚持恢复故土,反对与金人议和,必然受到主和派的迫害;宋金只有议和成功,金人才不会归还徽、钦二宗,因为只有这样,宋高宗的帝位才能够稳固。而于谦坚决抗击蒙古瓦剌,拒绝与之议和,导致瓦剌将英宗送回,造成日后徐有贞、石亨趁景帝病重,发动政变,奉英宗复辟,杀害于谦,此中所埋伏着的因果关系,尤其值得深长思之。岳飞、于谦,皆因反对议和而死。无论他们反对得无效,还是有效,都是一样的结果,其原因何在?这难道不又是一个值得探讨的历史大问题吗!

吕先生是提问的高手,也是比较的高手。在《教授书》中,各种各样的提问和比较,不仅有助于学生整理、记忆所学的历史知识,也有助于学生历史认识的不断深化,提高他们的思想水平。

我国史学,素有摆事实、讲道理的特点。事实和道理,是两个不同层面的东西。史学最重要的特点,首先是讲求摆事实。事实摆不清楚,或摆得不大对,甚至完全摆错了,道理就不好讲,讲不通,以至于没有道理可讲;哪怕表面上能把道理讲得头头是道,讲得很玄妙,却经不起事实的检验,这样的道理又有什么用处呢!而《教授书》在摆事实和讲道理这两个方面,都做得非常妥帖、明白,言必有据。如《教授书》讲西汉张骞、苏武和东汉班超的出使,除了讲解相关史实,还突出了当时出使诸人的个性特点。

《张骞　苏武》一课,《教授书》以"授张骞、苏武概略,俾知出使外国,贵有冒险之才能与忠义之气节"为要旨。

　　张骞出使西域，中途被匈奴扣留，十年后借机逃出，仍坚持履行使命，遍历西域诸国，记其道里山川及物产，宣达汉威，前后十三年才回到汉朝。而更了不起的，是他不惧艰险，再次出使西域，终于说服西域诸国与匈奴绝交，内附汉朝，为汉朝立下大功。而苏武受命出使匈奴，却没有建立什么功劳。在匈奴单于那里，苏武的副使与投降匈奴的汉人暗中勾结，要将匈奴单于的母亲挟持到汉朝，苏武却全然不知。及事泄之后，苏武又毫无应对的办法，只是以自杀向皇帝尽忠。而他的可歌可泣和了不起之处，是在自杀未遂之后，拒绝投降，在匈奴十九年，历尽艰难困苦，始终不失汉节。

　　而《教授书》讲《班超》，谓鄯善王对班超"敬礼甚备，后忽疏懈"，引起班超的怀疑；在侦知鄯善王因匈奴使者到来而另有异图时，班超即对所率三十六吏士讲明势处危险，以饮酒激怒其敢斗之心，趁夜"夹门而伏"匈奴使者，"顺风纵火"，"斩其使，及从士三十余级，余悉烧死"，使鄯善王振恐服伏，遂而次第降服西域五十余国。

　　按照《教授书》的"指示目的"（即完成教学要旨所必须做到者），《班超》这一课要提示学生："张骞使西域，以才能称。苏武使匈奴，以气节称。然身在虏庭，敌情狡诈，有时才能不足以济变，气节徒足以亡身，则非有勇略不足为功。"以此来分析班超、张骞和苏武各自的不同。以班超所展现出来的机敏警觉，沉稳强劲，足智多谋，以及果敢绝决的品质，的确也只有以"勇略"来形容了！

　　根据《教授书》对张骞、苏武和班超的具体讲述，学生对才能、气节和勇略这三个词各自的含义，自能有所领会。若只是笼统地讲张骞、苏武、班超是如何忠义、爱国和勇敢，就难以使学生根据有关史实来理解和把握这三个人的个性特点，至多是泛泛而谈他们的共性。而通过摆事实和讲道理，就能讲出这三个历史人物各自的个性特点，深入而具体地展现从他们身上所折射出来的时代精神和意义。《教授书》在这方面，做得尤其成功。每讲一个历史人物，都有其独特的视角，都能讲出一番令人心悦诚服的道理来。读者在阅读时，若能对此细加注意，随时都会有令人欣喜的收获。

《教授书》的另一个突出的长处，是选择和叙述的史事非常精粹，因而能充分地说明问题。如关于清代雍正朝的年羹尧案，《教授书》一方面强调世宗猜忌心重，臣下无功者也被猜疑，即间阎细故亦派人查探，尤以侦察、暴露臣下的阴私为能事，以至大小官吏无不提心吊胆，惟恐灾祸及身；一方面强调青海地域广大、交通不便，天时地利皆不宜于清朝用兵，而反叛的罗卜藏丹津兵势又极浩大，年羹尧却在这种极为不利的环境和形势下，十余日即获得大捷，乃自古用兵塞外未有如此神速者。这样，既讲清了世宗的猜忌和狭隘，同时也就把年羹尧功劳卓著，手握重兵，而不能为世宗所容的基本性质揭示出来了。

史料上的这种取精用宏，固由于对史料的大量占有，但最根本的还是来自于敏锐的历史眼光，以及对于所要讲解的历史问题的深刻理解与把握。在这一方面，《教授书》的作者亦极擅长。如在讲清年案的基本性质之后，《教授书》就提出清代，乃至中国古代政治史上，专制君主对臣民"不以诚意相孚，而挟智数以御其下"的问题。

诚意，是儒学所提倡的基本道德和修为方法。儒学向来认为，凡做一事，而无诚意，没有能做得好的。待人接物，莫非如此。统治者无诚意，则政治上的一切都无能为也。故所谓"诚意"，乃"修身、齐家、治国、平天下"的基本要义。也正因为如此，《教授书》对"诚意"二字在政治上的作用，尤为看重。其讲清末预备立宪的失败，也同样抓住统治者没有诚意的问题。

《预备立宪》这一课，教学要旨："授以清廷预备立宪之事，使知变法而无诚意之害。"《教授书》指出，西太后推翻新政，继而又造成庚子之乱,大失天下人心;惟迫于人民立宪之要求,以及怵于外国势力之逼迫,才不情愿地宣布预备立宪;其预备期长达九年;所谓预备者又多为立宪之后应改良之庶政,并非立宪所必须的准备,足见其不过就是在敷衍人民。因此得出清廷之亡,亡于变法而无诚意(而非亡于变法)的结论。清末预备立宪与清朝倒台的关系,固有很多问题可以细说。但最根本的问题,确实在于口头上要进行根本性的变法,心里想的却是维护一己专制。这又如何能使天下人,在这个政权本已摇摇欲坠的情况下,不失去耐性!这样的政权,谁还会认为它还有机会!这样举重若轻的分析与解释,固基于史料证据的精粹,却也是因为抓住了统治者缺乏诚意这一要害。真好比是万马军中取上将之首级。

《教授书》第五、六册,根据《教科书》揭示中国历史的基本进程和文化特点的要求,"重在使联络贯穿,知史事因果之关系,以明社会进化之顺序及国势变迁之大要"。如讲明朝之灭亡,谓"明之亡,可谓直接亡于流寇,而间接亡于满州"。讲明朝对满洲"兵威之不振",谓种种失误皆由于党争,"意气之争持太甚,必致为小人所乘"。讲明朝的流寇,谓"中叶以后朝政浊乱。居州郡者,皆贪黩之臣,争剥民以行贿赂。可知政治之不善,实酿成内乱之大原因。凡流寇,必不能以兵力平之。盖因民穷财尽,思乱者众。剿不胜剿,抚无可抚也"。讲南明之败,谓"明末握兵之臣非叛逆,即骄蹇,公忠体国者绝少。其忠义自矢者,则皆本无兵柄,仓卒起义之人也,故卒无救于亡。凡异族入主中国,必非徒恃其本族之兵力,而必借汉人为之驱除。辽、金、元三朝皆如此,而清之于三藩为尤著"。并举以具体的史实:后晋将燕云十六州献给契丹;契丹灭后晋,赵延寿为先驱;金人攻陷汴京后,所用多河北人,兼收用北方群盗;蒙古攻宋,刘整以泸州十五郡投降,并为之出谋画策;以说明清朝之有三藩,亦非古来稀有之事。像这样取材既精，而能阐发宏旨的讲解，对于学过前四册，于相关史事既已熟悉的学生来说，只须老师略为提点，自能联系前后，使所学有所贯通，在更广阔的背景下和更高的程度上，理解和把握所学到的本国史知识。

《教科书》的编撰，难免有不足。而《教授书》对此，亦每每加以弥补。如课文《中国历史结论》，对于"中国之历史，至有荣誉之历史"这一中心内容，《教授书》一方面以具体的史实予以充分说明；另一方面，对于《教科书》所谓"近数十年间，外侮洊至，稽诸纪载，国耻较多。然前事不忘，后事之师"之轻描淡写，亦予以有力纠正："近世所遇之外敌，与前古异。前此所遇，非小国，即游牧部落，兵力虽强，文化固远逊于我。现今所遇，则皆组织完美，文化发达之国家。故近数十年，外侮荐至，亦为前此所未有。惟多难兴邦，古有明训。我国家在历史上，根柢至为深厚。苟能人人宝爱其历史，以发扬其爱国之心，而又能藏往知来，以增益其智慧。则今后历史之荣誉，又将开前古未有之局矣。"短短数语，即将不同时代的"先进就要挨打"或"落后就要挨打"的问题所在，讲得清清楚楚。

而这一课所设之提问："使中国之文化，不能随世运进步，能全今存否？""爱敬固有之历史，力求不坠荣誉，其道当如何？"皆非一时一事之问。中国近代以来的志士仁人，又何尝不因这样的问题而忧思、而发愤！陈寅恪先生"吸收输入外来之学说，不忘本来民族之地位"的论断，实际上也是中国近代社会中卓有见识者的普遍见解。《教授书》对于中国近代"外侮"皆来自于"组织完美，文化发达之国家"的讲论，其中也包含着这一层意思。在讲《三国至隋唐之政教学术下》一课时，《教授书》就指出："唐时国威远播，东西之交通极盛。故火教、景教、回教等，皆乘机流入中国。当时于各种宗教，均许宣传。颇有合于近世信教自由之义。"此亦提示：在中国历史的演进中,当国家强盛之时,对外来文化也采取着一种开放的态度,而本国文化亦随之演进,乃成为一"至有荣誉之历史"。所以,"爱敬固有之历史,力求不坠荣誉",则必须吸收外来之文化,而"随世运而进步"。

作为一个中国人,在一定的年龄段上,并达到一定的文化程度时,对本国的历史文化,是需要有一个达到相当广度和深度的了解的。正因为如此,将这样一本《教授书》重新出版,不仅适合今日初中本国史教学参考的需要,即今日的高中生,以及非文史专业的大学生,要了解本国历史和文化,以此《教授书》为读本,亦不失为极好的途径。《教授书》在其"编辑大意"中指出:此书"务养成儿童自力研究之习惯""力求简明精要,一洗空泛无谓之弊"。在这两个方面,《教授书》都是做得极好的。惟时过境迁,当日所谓"儿童",在传统的中国文史方面所受的教育,较今日的青少年恐怕要高出大大一截。可以肯定地说,这样一本《教授书》,仍能活跃今日青年的思想,使他们在阅读中感受到学习本国史的魅力。

此《教授书》在出版之后,短短数年间,再版十数次。今天,上海古籍出版社决定对此书加以注释,重新出版,是极有眼光的。《教授书》共一百二十八课,读者若能耐下心来,按书上所要求的去读,平均每天用 45 至 60 分钟的时间,每三天修完一课。则一年零一个月不到,即能具备在今日看来已相当完备而贯通的中国历史知识,又何乐而不为呢!

历史参考书编纂例言

一、本书专供小学教师教授新法历史者参考之用;编纂之趣旨有二:

(一)时间经济。小学教师,往往以一人而兼任数科目,课前豫备,恒苦时促事烦;有参考书为之穷源竟委,使之一览了然,则可免翻检群书之劳。而豫备时间,大可经济。

(二)财力经济。史事至为繁博,非罗列群书,互为参证,不能得其真因确果。顾小学校安能力购群书,广供参考。此书采群书之精华,萃于一编,教授既便,学校财力所省,当亦不少。

二、本书依据教科书课目编次,(内分一、二、三、四等数字,与教授书课文项附注相符。)凡课义包含之史事,一一叙列;务使教者了解内容,教授时足以应付。然非以授之儿童者也。

三、本书编述之各项史事,大率以正史为根据,而旁及于诸子百家、十三经,及其他稗官野史、名人笔记杂录之类。每一项下,皆注明出自某书,或某书某篇,以孚传信之旨。

四、本书援引古籍,悉仍原文。篇幅过长者,则间节之。惟近世史之资料,甚少精确可靠之本为据,故只由编者博考群籍而辑成之,其根据恕不一一详注。

五、本书各课事项,有须阐明学理者,间由编者就一己思想所及,加以按语。其谬误与否,仍候读者鉴正。

编辑大意

一、本书依《新式高等小学历史教科书》编纂,全六册,供教员教授之用。

二、本书编纂之顺序,分列教材、准备、预习、教授次序、备考、要旨等项。

（甲）教材。全录教科书本文及图表等,免教授时检查比对之烦。并按教材之长短,而注授课时数于本课题目之下。

（乙）要旨。述全课精义,及史事因果之关系。

（丙）准备。详载关于本课之沿革、地图、统系表,或用黑板画,或由教师制作。及遗像、古物、遗迹等。

（丁）预习。概分三种,列举如下:此三种不必每课皆备,视教材酌量行之。

（一）笔记。令学生遇有本课难解字句,立簿摘记,俾听讲时,知所注意。

（二）绘图。令学生依本课应示之地图摹绘之,使知历史与地理之关系。统系表亦然。

（三）复习前课。令学生从已有之旧观念,引起新观念。

（戊）教授次序。记载教授上应行之事,分三阶段,详列如下:

（一）预备。内分二项:

　　［一］检查预习。即学生笔记等项，一经检查，则讲授时益知所注意。惟不列预习者则略之。［二］指示目的　即本课要旨，教师将授以新知识，须先行指示，借以唤起其注意。

　　（二）提示。内括五项。惟参考一项，无则缺之。

　　［一］分节讲授。俾学生易于记忆。［二］简明参考。按节附注，俾教师便于指点。［三］复演。补前讲所略。［四］指生试读及范读。使文理句读，不至讹舛。［五］指生口述及正误。

　　（三）整理。内分五项：

　　［一］回讲。令总括全课大义。［二］约述。令撮举全课节目。［三］联络比较。使知本课与前课及各科学之关系。［四］思考。以启发其思想推测判断力等。［五］作表及填注地图。令学生练习表式，及审察地理沿革与位置。

　　（己）备考。专详课题原委，及重要人物，重要事实，以备教员参考。其应否举告学生，由教员随时酌定。

　　三、本书采自动主义，编辑故多列预习一项。又于教段中多采启发式，务养成儿童自力研究之习惯。

　　四、历史为过去之事，学校设历史科之目的，在以过去证现在及将来。本书注意此点，力求简明精要，一洗空泛无谓之弊。

目　录

第　一　册

第 二 册

第 三 册

第 五 册

第 六 册

第一册

第一 太古(一时间)

教材

中华位于亚洲之东南。太古之民,略分二种:苗种初居本部,华种起于帕米尔高原,在我国极西境。次第东来,渐蕃殖于黄河流域。苗种益徙而南,其地遂为华种所有。相传首出御世者,曰盘古,继为三皇,未有文字,无史可稽①。生活状况,穴居野处、茹毛饮血而已。

要旨

本课授太古概略,俾②知华种所由来,以引起其历史进化之观念。

准备

绘华种东徙图如下。

---

① 稽:考证,核查。
② 俾(bǐ):使。

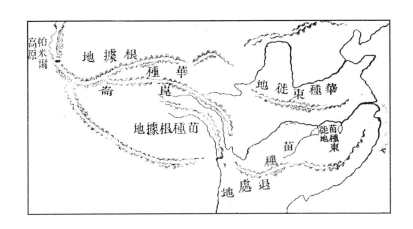

预习

于课前指定下列数事，使先分时自习之。

（一）课文遇有难解字句，录入笔记簿。下同。

（二）以教师所绘华种东徙图为蓝本，摹绘之。

教授次序

（甲）预备

（一）检查预习：令各出图簿，教师巡阅。地图，则查其有无不合；不合者使改正之。笔记簿，则查其何处不解。俾教时知所注意。下同。

（二）指示目的：此课为全书发端，故指示项下，兼及本书大旨。

书历史二字于板，告以史者，记事之书也。历，经历也。取已经经历之事，记之于书，为后人之明鉴也。我国立于世界之上，有数千年之文化，即有数千年之经历。不考历史，恶知文化所由来？故高等小学,特设历史一科,以供诸生之研究。今日所授之书,即中华历史是也。

述一人之历史,必自其最初时代始,述一国之历史,理亦宜然。即板书课题_{太古}示之,曰:此即历史最初时代之名。本课则述中华之最初时代。

（乙）提示

（一）讲第一节:起课首,至"略分二种"止。亚洲即亚细亚之简称。为世界五大洲之一,中华则位于其东南一部分。太古之民,即中华最初之人民也。鸿荒甫辟,种类不齐,大略可分为二。讲毕,指生将本节文字朗读一遍,令诸生开书同听之,_(如误)教师范读,正其句读。再指生口述大义,_(如误)则略述前讲复演之。下同。

（二）讲第二节:起"苗种初居",至"华种所有"止。上节所称二种,即苗种、华种是也。先是中华本部,止有苗种,华种则在极西之帕米尔高原。未几陆续东来,即以黄河流域为殖民地。苗种势力不敌,避徙南方,至是华种遂占有中原之地。苗种,今湖南、贵州、四川、云南等省犹有之,分生熟二种。华种,即汉族最初之民族,对于苗,故称华。华字有光华美丽之意,我国之称中华,实基于此。帕米尔高原,在亚洲之中央,全洲山脉,皆发于此。黄河流域,今甘肃、陕西、山西、河南、山东、直隶六省地,太古时中华之地止此。**讲毕。同上。**

（三）讲第三节:起"相传首出御世",至课末止。御,统治也。盘古首出,继以三皇,相传为华种东迁之君长。无史可稽,以未有文字故。穴居野处,以未有宫室故。茹毛饮血,以未知烹饪、未知稼穑故。太古之生活状况,大略如此。盘古,即盘古氏,一曰浑敦氏。三皇,即继盘古而治者,曰天皇氏,曰地皇氏,曰人皇氏,并见中华旧史。穴,土窟。茹,食也。弋猎鸟兽之肉,连毛带血而饮食之也。**讲毕。同上。**

（丙）整理

（一）回讲：令生徒将各节文字，或分或合，轮流口述。述时宜将教师已讲演者，略举大概。

（二）约述：使答下列各项，不许开书。［一］中华最初为何时代？［二］华种起于何处？其后蕃殖在何流域？［三］中华因何得名？［四］中华本部位置，在亚洲何方？［五］首出御世者何人？

（三）联络比较：［一］黄河流域，在帕米尔高原何方？［二］太古时之生活，视今日若何？

（四）思考：［一］华种何以胜于苗种？［二］使中华至今尚无文字，将若何？

（五）作表及填注地图：令生徒就本文摘要，分类，试作简表。（如不能作）书左式于板示之，使载入笔记簿。

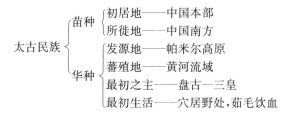

备考

华苗二种，其初盖皆自昆仑东徙者。华种沿黄河东徙，苗种沿长江东徙，何以知之？按《遁甲开山图》云：天皇被迹在柱州昆仑山下，地皇兴于熊耳龙门山，人皇生于刑马山提地之国。柱州，以昆仑山高，若天柱然，故名。《通鉴外纪》。昆仑为河源所自出，《史记》。则今青海巴颜哈喇山脉地方也。熊耳、龙门，俱山名，在今河南、山西。刑马山，旧说在蜀地。提地，即图伯特之音转，亦即吐蕃之音转。古读蕃如播。今青海，古亦藏地也，故是图以昆仑为华种根据地。《书》："窜三苗于三危。"三危即今西藏，所谓梁州黑水，即今哈喇乌苏，怒江。其地盖苗种初居，及入中国，则居湘、赣二省间。故《左传》云："三苗之国，左洞庭，右彭蠡。"厥后为华种所败，自洞庭沿沅江西南徙，遂遍布于云贵、两广，故历代史籍，皆以武陵五谿①为南蛮之正支也。故此图以今西藏为苗种根据地，洞庭、鄱阳之间，为苗族之东徙地；沅江流域及南岭山脉一带，为苗种退处之地。

此等考据，万勿为学生言之，但举以供教员之参证而已。图中今地名，悉使学生于预习时自书之。关于历史上各名词，至授课时，然后书于黑板，令学生照填。

---

① 谿(xī)：同"溪"。

第二　开化之始（二时间）

凡一课授二时者，第一时，起预习，至提示止；第二时，起整理，至作表及填注地图止。或提示项下内容丰富，非一时所能授毕，亦可留一二节，并入第二时再授。听教师随时酌量之。下同。

教材

有巢氏作，教民构木为巢，始免露处。燧人氏作，教民钻木取火，始知熟食。巢、燧之后，有伏羲氏，创作寖^①多。定嫁娶之制，而男女有别。结绳以为网罟^②，而佃^③渔始便。又画八卦，制乐器，开后世文字音乐之先声。继伏羲而作者，曰神农氏，初作耒耜^④，以教民耕。日中为市，各以货交易，而有无始通。又尝百草，兴医药，而疾病得以疗治。同时有夙沙氏，利用海水，煮之成盐，为后世盐业之祖。民生所需，至是渐备。其时去今约五千余年，故中华开化，视世界各国为早。

---

① 寖（jìn）：渐渐，逐渐。
② 罟（gǔ）：网。
③ 佃（tián）：通"畋"，打猎。
④ 耒耜（lěi sì）：古代像犁的翻土工具。

乾☰　坤☷　震☳　艮☶

离☲　坎☵　兑☱　巽☴

要旨

授巢、燧、羲、农之创作，俾知中华文化所由开。

准备

巢、燧、羲、农四氏肖图。琴瑟图。网罟、耒耜等模型。

预习

笔记：摹本课所附八卦。

教授次序

（甲）预备

（一）检查预习：同前。

（二）指示目的：华种东来，虽有盘古、三皇，相继代作，而风气简陋，依然一未开化之世界也。今述中华开化之始。

（乙）提示

（一）讲第一节：起课首，至"始知熟食"止。有巢氏，继三皇而治者也。以教民构木为巢，免于穴居野处，故曰有巢氏。燧人氏，继有巢而治者也。以教民取火之法，炮生为熟，免于茹毛饮血，故曰燧人氏。作，兴起也。燧，音遂，取火之具。钻木取火，钻，锥子也，与木磨擦而生热,至发火点则燃。同前。

（二）讲第二节：起"巢燧之后",至"先声"止。伏羲氏,继巢、燧而治者也。创作之事,较前渐多。上古男女无别,无夫妇,故亦无父子。自伏羲定嫁娶之礼,男女乃有一定匹偶,而人伦始定。佃以取禽兽,渔以取鱼鳖,但恃手足而无器械,不便甚矣。伏羲爰①教之,结绳以为网罟,而佃渔始便。文字积点画而成,八卦连者为画,断者为点,不已开文字之先声乎？声成文谓之音,合众器迭奏而成乐,伏羲造乐器,有琴瑟等名,不已开音乐之先声乎？伏羲以教民佃渔,故曰伏羲氏。又养牺牲②以充庖厨,故又曰庖牺氏。罟,音古,亦网也。八卦,《易》乾为天,坤为地,震为雷,艮为山,离为火,坎为水,兑为泽,巽为风。同前。

（三）讲第三节：起"继伏羲",至"疗治"止。伏羲氏时,民赖佃渔以为养。然人民日多,禽兽之肉,不足以供给。神农氏作,能辨五谷,因斫木为耜,揉木为耒,以教民耕,而农事兴焉。又教民择地为市,定日中时,以货交易,而商业兴焉。又亲尝百草,教民疗治疾病,而医药兴焉。神农氏,始由畜牧时代,而进于耕稼时代,故曰神农。耒耜,手耕田曲木也,柄谓之耒,耒端谓之耜。尝百草,辨五味,别五色,神农氏尝一日而遇七十毒。同前。

（四）讲第四节：起"同时有夙沙氏",至课末止。盐,今人每食所不能无者也。神农氏时,有夙沙氏者,其部落濒海,知海水质重味咸,以火煮之成盐,是为中国发明食盐之祖。以年代考之,自神农至今约五千余年。其时世界各大国,尚未发现。而我中国历经巢、燧、羲、农诸人之创作,日用事物,业已渐备。谓为开化最早固宜。夙沙氏,神农时诸侯,居东海之滨,在今山东。同前。

---

① 爰：于是。
② 牺牲：供宴享、盟誓用的牲畜；供祭祀用的通体纯色的牲畜。

（丙）整理

（一）回讲：同前。

（二）约述：［一］有巢燧人，何以得名？［二］嫁娶之制，何人所定？［三］八卦何以为文字先声？［四］耒耜何为而作？［五］医药何为而兴？［六］盐业始于何人？

（三）联络比较：［一］巢居之利，视穴居野处奚若？［二］熟食之利，视茹毛饮血奚若？［三］伏羲以前，有网罟之制否？［四］神农以前，有交易之事否？

（四）思考：［一］设无有巢氏之创作，当时之居处若何？［二］设无燧人氏之创作，当时之饮食若何？［三］伏羲氏之创作，以何项为最重？［四］神农氏之创作，以何项为最重？

（五）作表及填注地图：

开化之统系表

有巢—燧人—伏羲—神农

有巢
燧人 氏之创作 ｛构木为巢
　　　　　 ｛钻木取火

伏羲氏之创作 ｛定嫁娶之制
　　　　　　 ｛结绳为网罟
　　　　　　 ｛画八卦
　　　　　　 ｛制乐器

神农氏之创作 ｛作耒耜
　　　　　　 ｛日中为市
　　　　　　 ｛尝百草兴医药
　　　　　　 ｛夙沙氏制盐

第三 黄帝(二时间)

教材

神农氏后,传至榆罔,蚩尤喜兵好乱,作刀戟大弩,暴虐中国,榆罔不能征。有黄帝者,造甲兵,立阵法,逐荤粥①。于北方,与蚩尤战,戮之。苗种益驱而南,疆土大辟,人民遂尊为天子。部落政治,进为国家政治,自黄帝始。黄帝即位,作衣冠,建宫室,造舟车,定官制,创甲子,制律度量衡,利民之事毕举。

帝妃嫘祖②,发明育蚕,至今利赖之。其史官仓颉,推广书契之用,因物象形,借以记事,是为蝌蚪文。其后形声相益,文字兴焉。其臣隶首,又作算数,于是算学兴焉。

要旨

授黄帝战功及其创作,俾知中国国家政治所由起。

---

① 荤粥(xūn yù):古代北方民族。
② 嫘(léi)祖:传说中黄帝元妃,我国最早养蚕的人。

黄帝陵图

教授次序

（甲）预备

指示目的：我国经巢、燧、羲、农创作以来，虽已渐入开化时代，然国土未甚扩张，政治之建设，亦未完全。今述最初建设中国国家之伟人。

（乙）提示

（一）讲第一节：起课首，至"尊为天子"止。榆罔不修神农之政，民渐离心。蚩尤乘机为乱，恃有刀戟大弩，暴虐中国，榆罔莫能御。时黄帝国于有熊，制革为甲，铸金为兵，又作行阵步武之法。先与荤粥战，逐之北徙。继与蚩尤战于涿鹿，擒而戮之。苗种畏威，日益南徙，疆土日辟。于是人民不归榆罔，而归黄帝。中国君主之称天子，始此。榆罔，神农八世孙。蚩尤，九黎之君，始造兵器者也。黄帝，与神农同族,生于轩辕之丘(在今河南新郑县)。故曰轩辕氏。荤粥,突厥种人。同前。

(二)讲第二节:起"部落",至"自黄帝始"止。部,犹群也。落,犹聚也。神农以前,政治未能统一,当时所设君长,不过以一群之长,治一群聚之人而已。自黄帝以兵定乱,统诸部长而一之,得百里之国万区,始由部落政治,而进为国家政治。同前。

(三)讲第三节:起"黄帝即位",至"毕举"止。即位者,即天子之位也。其利民之事,不止一端。如衣冠、宫室、舟车、官制、甲子、律度、量衡,其最要者也。皆由黄帝创作之,可不谓之毕举乎?衣冠,古代人民,衣鸟兽之皮,至黄帝始作衣冠,兴布帛之用。宫室,木处而颠,故上栋下宇,作为宫室。舟,共鼓、货狄所作。车,邑夷所作。官制,黄帝始立六相,暨史官、天官等名。甲子,大挠所作。律,乐律。度,丈、尺。量,斗、斛。衡,天平。同前。

(四)讲第四节:起"帝妃嫘祖",至课末止。蚕丝之利,所以制衣服者也。发明者,即为帝之元妃。上古结绳而治,其后易以书契。书契者,刻木而中分之,各执其一为信。仓颉因物象形,制为蝌蚪文。后世形声相益,文字始备,记事益便。黄帝虽作律、度、量、衡,无算学则四者不能画一。隶首又作算数,是为算学之祖。嫘祖,西陵氏之女,后世祀为先蚕。蝌蚪,蛙之幼虫也,头大而尾细,仓颉所作古文,其形似之。同前。

(丙)整理

(一)回讲:同前。

(二)约述:[一]榆罔为何人之后?[二]黄帝之战功,可举者有几?[三]国家政治,始自何人?[四]黄帝利民之事安在?[五]育蚕何人发明?[六]文字何人所作?[七]算学何人所作?

(三)联络比较:[一]神农以前,有征战之事否?[二]太古时之疆域,视黄帝时广狭若何?[三]宫室之制,视巢居何如?[四]仓颉造字,视伏羲画卦有无同异?[五]黄帝之前,有算学否?

（四）思考：［一］设使蚩尤作乱时无黄帝，中国将若何？
［二］疆土既辟，部落政治尚适于用否？［三］官制与政治之关系。
［四］文字与历史之关系。［五］算学与人生日用之关系。

（五）作表：

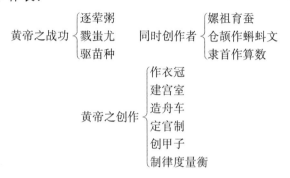

备考

神农氏母弟世嗣少典为诸侯。帝榆罔之世，少典国君之妃，曰
附宝者，生帝于轩辕之丘，因名轩辕，姓公孙。生而神灵，弱而能言。
幼而徇齐①，长而敦敏，成而聪明。国于有熊，故号有熊氏。长丁姬
水，故又以姬为姓。

图注：黄帝葬桥山，在今陕西中部县。

---

① 徇(xùn)齐：疾速，引申指敏慧。

第四 唐尧 (一时间)

教材

帝尧，黄帝之玄孙也。起自唐侯，故号曰唐。其为君也，施仁政，尚俭朴。命羲和二氏，观察天象，以闰月定四时，于是我国始有历法。时洪水为患，帝命鲧治之，九载无功。子丹朱复不肖，乃欲逊位。初让于许由，由不受而逃。后乃得舜，历试诸艰，使之摄政，因禅位焉。

帝尧

要旨

授帝尧概略，俾知古帝施仁政，及不私有天下之盛治。

准备

图像具本课。作黄帝至尧世系表。

黄帝
┌ 少昊金天氏—（蟜极）—帝喾高辛氏— ┌ 帝挚
│   └ 唐尧
└ （昌意）—颛顼高阳氏

预习

笔记：依式作世系表。搜求前课关于历法之事。

教授次序

（甲）预备

（一）检查预习：同前。

（二）指示目的：自黄帝以来，帝位相承，其不私有天下，而付托于有德之人者，自何人始。即书课题于板，并指图像示之，曰唐尧是也。

（乙）提示

（一）讲第一节：起课首，至"故号曰唐"止。尧与帝挚，同为黄帝玄孙。挚居长，应立。尧初为唐侯，曰唐尧者，明其所自始也。玄孙，曾孙之子。唐，今直隶唐县。同前。

（二）讲第二节：起"其为君也"，至"始有历法"止。挚无道，诸侯举尧为天子。惩①帝挚之失民，行仁政，席②黄帝之业，创作咸备，故所尚惟俭朴。史称其仁如天，其知如神，其君德可想见矣。羲和二氏，精于历象。尧命置闰月，定四时，是为太阴历法。仁政，如亲九族，平章百姓，协和万邦之类。俭朴，如茅茨不翦，太羹不和，鹿裘御寒之类。羲和二氏，

---

① 惩：借鉴，警戒。
② 席：凭借，倚仗。

占日之官。同前。

（三）讲第三节：起"时洪水为患"，至课末止。洪水之患，在尧之即位六十一载。时朝臣举鲧治水，尧知鲧方命[①]，欲弗使，众请试可，乃命之。鲧专恃堤防，不知疏导，阅九载，功不成。尧以精力渐衰，久居君位，恐负人民付托，而子又不肖，难于继立。知许由贤，初欲逊位于由。由辞，继得舜，多方试之，使摄政，然后禅位。尧之不以天下自私如此。洪，大也。鲧，崇伯之名。不肖，不似其父也。许由，尧时贤人，隐于箕山。舜，详下。摄，代也。禅，音膳，传与也。同前。

（丙）整理

（一）回讲：同前。

（二）约述：［一］尧为何人子孙？［二］历法何人所定？［三］尧命何人治水？［四］尧之子何人？［五］尧之君位，逊与何人？［六］尧之始封，在何流域？

（三）联络比较：［一］尧以诸侯为天子，视黄帝得国情势同否？［二］洪水之患，视蚩尤之患奚若？［三］尧以前有无禅让之事？

（四）思考：［一］尧之历法，视今日历法何别？［二］尧何为以位传之于舜乎？［三］尧将禅位于舜，必使历试诸艰，何故？

（五）作表：

$$
\text{帝尧之兴}
\begin{cases}
\text{黄帝玄孙} \\
\text{起自唐侯}
\end{cases}
\text{尧之为君}
\begin{cases}
\text{施仁政} \\
\text{尚俭朴} \\
\text{命羲和治历} \\
\text{命鲧治水}
\end{cases}
\text{晚年逊位}
\begin{cases}
\text{初让许由} \\
\text{卒禅于舜}
\end{cases}
$$

---

①　方命：违命，抗命。

备考

　　帝尧，高辛氏之次子，曰放勋。育于母家伊侯之国，后徙耆，故曰伊耆氏。年十三，佐帝挚封植，初封于陶，又封于唐。年十六，诸侯废挚，而立为天子，都平阳。今山西临汾县。在位百年。

　　附图：摹汉时武氏石室画像。

第五　虞舜(一时间)

教材

舜既任事,举元恺①,除四凶,赏罚得当。用鲧之子禹治水,使民得居平土。及受尧禅,兴教育之制,定考绩之法,巡狩四方,无为而治。苗族亦感其化。后人仰其德,与尧并称。而其禅让君位于禹,不敢自私,尤与尧相合。

要旨

授舜概略,俾知盛治与唐媲美。

预习

笔记:复习前课"时洪水为患"以下之事实。

---

① 元恺:即八元八恺,古代传说中的有才能者。

教授次序

（甲）预备

（一）检查预习：同前。

（二）指示目的：唐尧之盛治，既知之矣。亦知与唐尧媲美者，尚有何人乎？板书课题，并指图像示之，曰虞舜是也。

（乙）提示

（一）讲第一节：起课首，至"使民得居平土"止。方舜之任事也，见善无有不举，见恶无有不除，故曰赏罚得当。鲧虽治水无

帝 舜

功，然罚及其身而止。禹能治水，使民安居，舜亦不以其父之故而弗使。其能副尧之付托也，已如此。元恺，八元八恺。四凶，共工、欢兜、三苗、鲧。当，丁浪切，党去声，事理合宜也。同前。

（二）讲第二节：起"及受尧禅"，至"亦感其化"止。兴教育，所以树人才。定考绩，所以察百官。巡狩四方，所以审视诸侯。故舜既受禅，天下大治。虽被窜①之三苗，亦感其化。人但见其无为而已。教育，舜始设上庠②、下庠。考绩，考百官之成绩也。巡狩四方，天子适诸侯曰巡狩，言巡行诸侯所守之土也。东至岱宗③，南至南岳，西至西岳，北至北岳。苗族，即太古时苗种。同前。

---

① 窜：放逐。
② 庠(xiáng)：学校。
③ 岱宗：东岳泰山。

（三）讲第三节：起"后人仰其德"，至课末止。舜之德，不独被于当时，即后人亦仰之。其尤与尧相合者，尧以君位与舜，舜至晚年，亦法尧之禅让，而以君位与禹。故后人尧舜并称。同前。

（丙）整理

（一）回讲：同前。

（二）约述：［一］舜初任事，所施行者何事？［二］洪水未平，舜使何人治之？［三］舜既受禅，所施行者何事？［四］舜何以与尧并称？

（三）联络比较：［一］舜兴教育，视羲农开化何若？［二］巡狩所至之地，当今中国何部？［三］虞舜时之苗族，与太古南迁之苗种，是一是二？［四］舜之逊位，视尧若何？

（四）思考：［一］鲧治水无功，何故复用其子？［二］考绩之法，因何而定？［三］何谓无为而治？

（五）作表：

举元恺
初任事所施行者 { 除四凶
使禹治水

兴教育之制
即位时所施行者 { 定考绩之法
巡狩四方
苗族感化

备考

帝舜，颛顼六世孙。父瞽瞍，母握登，生于姚墟，今山西永济县。故姓姚。其先国于虞，故曰有虞氏。都蒲坂。即姚墟。在位四十八年。

附图：同前。

第六　后稷（一时间）

教材

后稷名弃，舜九官之一也。当匍匐时，即好种植。及长，精于农事，所种麻麦，无不蕃茂。民争效之，尧因使为农师。及舜受禅，分职命官。禹为司空，契为司徒，益为虞，皋陶为士，垂治百工。伯夷典①礼，夔典乐，龙作纳言，稷亦以播百谷，教民稼穑。洪水既平，天下得收粒食之利，稷之功也。后封于邰，在今陕西。姓姬氏，为三代时周之始祖。

要旨

注重后稷教稼，俾知农业为中国立国之根本。

预习

笔记：复习第二课关于稼穑，及四课、五课治水之事。

---

① 典：主管。

教授次序

（甲）预备

（一）检查预习：同前。

（二）指示目的：舜使禹治水，民得居平土，既拯民之溺矣。然不提倡农业，则民不死于溺而死于饥，非舜所以承尧之意也。因板书课题，告以今日所授，即洪水以后教民稼穑者。

（乙）提示

（一）讲第一节：起课首，至"使为农师"止。后稷，为舜时九官之一，名弃，其初固尧之臣也。幼时即好种植，及长，于农事益精。人见其所种麻麦等物，无不蕃茂，争相效之。尧之命为农师以此。匍匐，手足并行之貌。农师，劝农之官。同前。

（二）讲第二节：起"及舜受禅"，至"教民稼穑"止。舜之所以无为而治者何哉？亦由分职命官，得人而已。禹宅①百揆②，故为司空。契善教育，故为司徒。益掌山泽，故为虞。皋陶明刑，故为士。垂为共工，故治百工。伯夷为秩宗，故典礼。夔知音律，故典乐。龙出纳君命，故作纳言。弃能播百谷，故为后稷。此舜时九官之大略也。禹、契、益、皋陶、垂、伯夷、夔、龙，臣名。司空、司徒、虞、士、纳言、后稷，官名。治百工、典礼、典乐，官之事。同前。

（三）讲第三节：起"洪水"，至课末止。洪水为灾，可耕之地少，而农事益荒。然水土既平，依然收粒食之效，是不得不归功于稷。封之于邰，嘉其功也。其后姬周之兴，实肇③于此。粒食，米食曰粒。邰，

---

① 宅：居于，处于。
② 百揆：总揽朝政的官员。
③ 肇：开始。

音胎，国名，在今陕西武功县境。

（丙）整理

（一）回讲：同前。

（二）约述：［一］舜时九官，稷之外更有何人？［二］粒食之利，何人所兴？［三］稷封于何地？［四］邰在何流域？

（三）联络比较：［一］后稷之功，视神农有无异同？［二］虞廷分职，视黄帝时官制若何？［三］伏羲始制乐器，其时有无典乐之官？

（四）思考：［一］洪水之后，设无后稷教稼，民食将何如？［二］教与养并重，无司徒之教可乎？［三］农与工并重，百工不治可乎？

（五）作表：

稷之事迹　｛好种植　精于农事　为农师　教民稼穑　封于邰

稷之同官　｛司空—禹　司徒—契　虞—益　士—皋陶　工—垂　典礼—伯夷　典乐—夔　纳言—龙

备考

后稷母，有邰氏女，曰姜嫄，为帝喾元妃。姜嫄出野，见巨人迹，践之而身动，如孕者。居期而生子，以为不祥，弃之隘巷。马牛过者皆避不践，徙置之林中，适山林多人迁之。而弃渠中冰上，飞鸟以其翼覆荐之。姜嫄以为神，遂收养之。因初欲弃之，故名曰弃。弃儿时屹如巨人之志，其游戏好种树麻菽。及为成人，遂好农耕。相土之宜,宜谷者稼穑焉,民皆法则之①。帝尧闻之,举弃为农师。天下得其利。

---

① 则之:以此为准则。

第七 夏禹（一时间）

禹，姒姓，鲧之子也。其治水也，鉴鲧之失，不恃堤防，专重疏导。南方之水，引之入江；北方之水，引之入河；顺江河之流，东行入海。十三年于外，而后民得安居。后受舜禅，国号夏，都于安邑。在今山西。晚年思以君位禅益，未果，禹没。民念其功，推禹子启，即位。启亲政，飨①诸侯于钧台，在今河南。四方悦服。

要旨

注重禹平水土，功德在民，俾

夏　禹

---

① 飨（xiǎng）：用酒食招待。

知夏统所由继。

预习

笔记：复习前数课治水及舜禅位之事。

教授次序

（甲）预备

（一）检查预习：同前。

（二）指示目的：禹治水之功及受舜禅，前既言之矣。今述其治水之法，及继位传子所以得民心之故。因板书课题，并指图像示之。

（乙）提示

（一）讲第一节：起课首，至"专重疏导"止。禹亦黄帝玄孙，别姓为姒。痛父功之不成，思有以盖其愆而竟其志。知鲧之所以无功，皆由与水争地之故，因力矫其失。于下流则专用疏，如凿龙门，在今陕西。疏九河故道在今山东直隶。之类。于上流则专用导，如导河积石，山名，在今青海。岷山同上。导江之类，然后功乃可施。禹名文命，父鲧，祖颛顼。姒，音似。同前。

（二）讲第二节：起"南方之水"，至"民得安居"止。南方诸水，以江为最大；北方诸水，以河为最长；而皆以海为归宿。禹则顺水之性，使水有所归，不与人争地。水归于海，人归于陆，斯两得其所矣。盖禹之勤劳于外者，已十有三年。江入海处，在今江苏。河入海处，在今山东。同前。

（三）讲第三节：起"后受舜禅"，至课末止。受禅后，改虞曰夏，迁都安邑。然民之戴禹，仍无异戴尧舜也。晚年效舜逊位，让于益，益不受。禹没，民不能忘，朝觐狱讼，不之益而之启，曰吾君之子也。启遂嗣立，飨诸侯。然则启之继禹，非禹传之，实四方悦而推戴之也。至是而禅让之局一变。夏禹所封地，今河南禹县。夏训大，我国之称华夏本此。安邑，故城，在今山西夏县北。钧台，在今禹县。

（丙）整理

（一）回讲：同前。

（二）约述：［一］禹治水之法，视鲧若何？［二］江河之水，归于何处？［三］禹思禅位何人？［四］禹之子如何？［五］华夏之称，始于何时？［六］安邑在何流域？

（三）联络比较：［一］禹为何人之后，与尧舜同裔否？［二］启视丹朱何如？

（四）思考：［一］使禹仍用堤防，不事疏导，治水能有功否？［二］使江河之水，不能入海，民将如何？［三］禹不传启而传益，启终继位，其故安在？

（五）作表及填注地图：

$$禹治水之顺序\begin{cases}南方之水入江\\北方之水入河\end{cases}江河之水入海$$

$$禅让之局\begin{cases}尧传舜\\舜传禹\end{cases}$$

备考

附图：同前。禹手所执者，治水之器也。

第八　少康中兴(一时间)

教材

启子太康,荒于田,十旬弗返,后羿拒之。会①太康卒,羿立仲康而专其权。仲康卒,子相立,羿逼之迁都商丘,<small>在今河南</small>。因代夏政。羿臣寒浞,复杀羿而代之,遂弑相自立。未几,相子少康,以一成一旅,起而讨乱,其遗臣靡,举兵助之。浞灭,国难既平,夏业中兴。

要旨

授少康中兴,俾知国家盛衰,系于人为。

准备

作禹至少康世系表。

$$禹—启—\begin{bmatrix}太康\\仲康\end{bmatrix}—相—少康$$

---

① 会:恰逢,正好。

预习

笔记：依教师范本作世系表。复习前课"后受舜禅"以下之课文。

教授次序

(甲) 预备

（一）检查预习：同前。

（二）指示目的：夏启既因得民心，而继承禹之位矣。然其子孙果何如乎？今试述少康之中兴，而国家之盛衰之故，可以知矣。因书课题于板示之。

(乙) 提示

（一）讲第一节：起课首，至"而专其权"止。太康，启之子，而少康之祖也。好田猎，久而不返，后羿拒之于河，使不得归安邑。未几卒。羿立其弟仲康，而夏之政柄，遂操于羿。可见人君当尽心民事，一有所溺，则不得终于其位矣。荒，从兽无厌之谓。十旬，十日曰旬。十旬，百日也。后羿，有穷国君之名。同前。

（二）讲第二节：起"仲康卒"，至"遂弑相自立"止。仲康即位，颇思振作，奈受制于羿，不得伸其志，旋卒。子相立，羿权益甚，逼相迁于河以南之商丘。而已居安邑，以代其政。旋为寒浞所杀。浞更弑相，而代有穷。斯时夏统中绝。商丘，亦今县名。寒浞，寒，国名；浞，人名，音捉。同前。

（三）讲第三节：起"未几相子少康"，至课末止。相被弑，而夏之臣民，尚未忘夏也。方浞盛时，少康亦渐成立。志在复仇，虽有田不过一成，有众不过一旅，而其志固已吞寒浞矣。其遗臣名靡者，又举兵应之，讨浞，浞遂伏诛。夏业衰而复兴，故谓中兴。一成，地十里。一旅，五百人。中，去声，再也。同前。

（丙）整理

（一）回讲：同前。

（二）约述：〔一〕太康因何失政？〔二〕仲康时何人专权？〔三〕相为何人所弑？〔四〕夏之中兴为何人？〔五〕少康讨乱，助之举兵者何人？

（三）联络比较：〔一〕太康与榆冈之比较。〔二〕后羿与蚩尤之比较。〔三〕商丘在河之南，抑在河之北？

（四）思考：〔一〕太康盘游无度，设无后羿为乱，人民愿其返国否？〔二〕仲康志图振作，使天假之年，能灭羿而中兴否？〔三〕后羿专权逼相，使无寒浞，夏之臣民能不杀羿欤？〔四〕寒浞代羿日久，恶党甚多，少康仅恃一成一旅，何以即能灭浞？

（五）作表：

启—太康—┌仲康—相—羿代夏政浞杀羿弑相—少康中兴
　　　　　└羿专权时代

备考

太康尸位，不修先王之政。畋于洛表，十旬弗归。羿拒于河，五弟御母以从，遂都阳夏。今河南太康县。二十九岁，王崩于阳夏。羿立太康弟仲康。元岁，王命胤侯掌六师。二岁，征羲和。十有三岁，王崩。子相践位。时权归后羿，相为羿所逐，居商丘，依同姓诸侯斟灌①、斟郡②氏。羿恃善射，不修民事，淫于原兽，专任寒浞。羿篡

---

① 斟灌（zhēn guàn）：辖境在今山东省寿光县东北。

② 斟郡（zhēn xún）：辖境在今河南省洛阳市一带。

夏，凡八岁，浞杀羿而代之，不改有穷之号。浞因羿室，生浇及豷。
二十有八岁，浞使浇灭斟灌、斟郭，而弑帝相于商丘。后缗方娠，逃
出自窦，归于有仍。夏遗臣靡，奔有鬲①氏。后缗生少康于有仍，长
为有仍牧正②。浞又求之，逃奔有虞，为之庖正。掌膳羞之官。虞君
妻之二姚，而邑诸纶。在今河南虞城县东南。有田一成，有众一旅，能
布其德，以收夏众。少康四十岁，靡自有鬲氏，收二国之烬，以灭浞
而立少康。使女艾少康臣名。灭浇，使季杼少康子。灭豷，有穷遂亡。
少康仍归故都，于是夏道复兴，诸侯来朝。

---

①　有鬲（yǒu lì）：辖境在今山东省德州市附近。
②　牧正：主管畜牧的长官。

第九 商汤 太甲(一时间)

教材

汤,子姓,契之后,世封于商,至汤始居于亳。_{在今河南。}葛伯无道,汤征之,十一征,无敌于天下。时夏王桀暴虐,汤顺民心,举兵伐桀,桀败。众戴汤为天子,国号曰商。伊尹者,商之贤相也。初隐于莘,_{在今山东。}躬耕乐道。汤三使往聘之,始佐汤,成商初之治。汤崩,尹奉其孙太甲即位。太甲不明,颠覆汤法,尹乃为营桐_{在今山西。}宫,居忧①三年,而己摄政。俟其悔过,乃复迎归。诸侯闻之,咸来归附。商治复振,尹之功也。

要旨

授商汤事,俾知革命之所由起,与用贤之有益于国。

---

① 居忧:居父母之丧。

预习

笔记：复习前课，注意其国家盛衰之理。

教授次序

（甲）预备

（一）检查预习：<small>同前。</small>

（二）指示目的：启承父位，在于得民心。太康荒于田，即为其臣下所弑。人君得国与否，于此可见。爰书商汤二字于板，示之曰：此即代夏而有天下者。复板书太甲，示之曰：此即继汤之位者。

（乙）提示

（一）讲第一节：<small>起课首，至"国号曰商"止。</small>述汤得姓受封之始，明其所自始也。汤征诸侯，始自葛。以有道征无道，故无敌也。夏桀暴虐，汤举兵伐之，顺民心也。汤既败桀，众益戴汤。汤遂为天子，改号曰商。犹舜继尧而号虞，禹继舜而号夏云尔。<small>契，舜时司徒，赐姓子。商，即商丘，见前。亳，即景亳，在商丘境内。葛伯，夏诸侯，嬴姓之国。十一征，见《孟子》。同前。</small>

（二）讲第二节：<small>起"伊尹者"，至"太甲即位"止。</small>诸生抑知汤得天下，果何人佐之乎？即伊尹是也。尹初隐居不仕，躬耕莘野，以尧舜之道为乐。汤闻其贤，聘之再三，然后出。开国政治，皆成于尹。迨汤崩，子太丁又早卒，尹遂循君主世袭之例，奉太甲继汤之位，而己相之。<small>伊尹，黄帝臣力牧之后。莘，今山东曹县。同前。</small>

（三）讲第三节：<small>起"太甲不明"，至"尹之功也"止。</small>太甲当立而不明，颠覆汤法。为辅相者不能辞其责。尹乃为营宫于桐，使太甲居忧。终三年之制，而己摄天子之政。太甲知悔，自桐迎归。诸侯闻太甲贤，附者益众。非尹之功，何克致此。营，造也。桐，汤墓所在（今山西荣河县），使之密迩先王也。同前。

（丙）整理

（一）回讲：同前。

（二）约述：〔一〕汤先征何国？〔二〕汤所伐何人？〔三〕伊尹初隐何地？〔四〕太甲时何人摄政？〔五〕桐在今何地？

（三）联络比较：〔一〕契在虞时为何官？〔二〕汤之代夏，视禹之代虞同否？〔三〕伊尹摄政，视舜之摄政，同异若何？

（四）思考：〔一〕夏桀暴虐，设使时无商汤，能保其不为诸侯所伐欤？〔二〕汤为桀臣，夏之众，何以戴汤为天子？〔三〕商之佐不止一人，何以独推伊尹？

（五）作表：

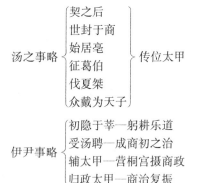

備考

居亳。自契封商，至于成汤，凡八迁，汤始居亳。

汤伐桀。桀能伸钩索铁，负恃其力，不务德而武伤百姓。宠妹喜，为之造琼室、象廊、瑶台、玉床，作肉山、脯林、酒池，以为戏乐。
囚商汤于夏台，既而释之。杀谏臣关龙逢，夏民咸怨，惟恐其后亡。
汤乃誓师伐桀，伊尹为相，与桀战于鸣条。今山西安邑县。桀败，放之
于南巢。今安徽巢县。汤归于亳，践天子位。

第十　周武王(一时间)

教材

武王,姬姓,名发,后稷之后也。商末,嗣①文王为西伯。时商王纣益无道,武王从诸侯之愿,大会于孟津,在今河南。誓师伐纣。纣自焚死,遂代商而王中国,建都于镐,在今陕西。国号曰周。分封宗亲功臣,与前代之诸侯,参伍而处。封建之制,乃益明备。

要旨

授武王代商,俾知革命之局既开,君主不仁者不能保其国家。

预习

笔记:复习前课前段。

---

① 嗣:册封。

教授次序

(甲) 预备

(一) 检查预习：_{同前。}同前。

(二) 指示目的：夏桀无道，汤顺民心而伐之，代有天下。抑知继汤之后，与汤行事相同者为何人乎？爰书课题于板示之。

(乙) 提示

(一) 讲第一节：_{起课首，至"为西伯"止。}自后稷封邰，姬姓子孙皆以耕稼为业。传至太王，始迁周原，建国焉。及文王为纣西伯，是时诸侯归化者，已有三分之二。文王卒，子发嗣，是为武王。_{西伯，商西方诸侯之长，掌征伐。文王治岐（今陕西岐山县），在殷都之西，故称西伯。同前。}

(二) 讲第二节：_{起"时商王纣"，至"国号曰周"止。}方文王之为西伯也，纣已为炮烙①、脯醢②等刑。至武王时，无道益甚。孟津之会，诸侯咸愿伐纣。师至殷都，纣知不免，自焚。武王为众所戴，遂为天子。乃由岐迁镐，改殷曰周，从所始也。_{纣，帝乙之子。誓师，孟津之会，诸侯不期而至者八百国，武王作《泰誓》三篇，至于商郊牧野，又作《牧誓》。同前。}

(三) 讲第三节：_{起"分封宗亲功臣"，至课末止。}封建之制，自黄帝统一部落始。唐虞夏商皆用之，然成汤放桀，去古尚近，故未分封宗亲功臣，及前代之诸侯。至武王代殷，乃实行封建，以屏藩王室。而中央之权益固矣。_{参，间厕也。伍，与众杂处，有互相箝制之意。同前。}

---

①　炮烙（páo luò）：古代酷刑，将人绑于或迫人行于烧热的铜柱之上。
②　脯醢（fǔ hǎi）：古代酷刑，将人处死后做成肉干或肉酱。脯，肉干；醢，肉酱。

（丙）整理

（一）回讲：同前。

（二）约述：［一］武王嗣何人为西伯？［二］武王何以伐纣？［三］周既代殷，建都何处？［四］何谓封建之制？［五］孟津在何流域？［六］镐在今何省？

（三）联络比较：［一］后稷始封何地？［二］武王伐纣，视汤伐桀何如？

（四）思考：［一］文王何以不有天下？［二］周初分封，必使参伍而处何意？

（五）作表及填注地图：

$$
武王 \begin{cases} 发祥 \\ 誓师 \\ 建都 \end{cases} 地 \begin{cases} 周 \\ 孟津 \\ 镐 \end{cases} \quad 周之封建 \begin{cases} 同姓宗亲 \\ 异姓功臣 \\ 前代诸侯 \end{cases}
$$

备考

周始祖曰弃，虞时为后稷，别姓姬氏，封于邰。稷卒，子不窋立。不窋末年，夏后氏政衰，去稷不务，不窋以失官，而奔戎狄之间。不窋卒，子鞠立。鞠卒，子公刘立。公刘虽在戎狄，复修后稷之业，始居于豳。九世孙古公亶父，避狄迁岐。古公传少子季历。季历传昌，是为文王，为殷西伯。

纣之无道。纣资辨捷疾，闻见甚敏，才力过人，手格猛兽。知足以拒谏，言足以饰非。爱妲己，惟其言是从。醢九侯，脯鄂侯，囚西伯，又作炮烙之刑。剖贤人之心，斮①朝涉之胫，为武王所伐。纣兵

---

① 斮（zhuó）：古同"斫"，斩断。

败,登鹿台,衣其宝玉衣,赴火而死。

　　周初封建。武王封黄帝之后于蓟①,尧之后于祝,舜之后于陈,禹之后于杞,商之后于宋。又封太公望于齐,周公旦于鲁,召公奭②于燕。其余管、蔡、康叔等,亦以次受封。

---

①　蓟(jì):古地名,在今北京市西南隅。
②　召(shào)公奭(shì):西周宗室,封于燕,佐成康之治。

第十一　成王（一时间）

教材

武王崩，子成王立。年幼，叔父周公旦摄政。平武庚之乱，营洛邑为东都。又制礼作乐，凡井田、官职、军旅、学校，一一规画，垂诸久远。《周官》一书，即周公所作。召公奭，周之支族，初与周公共相

周　公

武王。及成王时，与周公分陕而治。陕以东，周公制之；陕以西，召公制之；故后人合称周召。

要旨

授成王嗣位，二公夹辅，俾知周治所由盛。

预习

笔记：复习第九后段。

教授次序

(甲) 预备

(一) 检查预习：同前。

(二) 指示目的：汤代夏，太甲嗣位。赖伊尹辅弼，保存殷室。武王崩时，成王年幼嗣位，亦知赖何人之辅弼乎？今述成王当国时之事实，因书课题于板示之。

(乙) 提示

(一) 讲第一节：起课首，至"营洛邑为东都"止。武王即位，七年而崩，子诵立，是为成王。时年十三，不能莅治。周公，武王弟也。时为相，故代行天子之事。纣子武庚，思乘机作乱，乃煽惑管叔、蔡叔、霍叔，流言于国，云公将不利于孺子。周公因东征三年，罪人斯得，遂营洛邑为东都，而以镐京为西都。迁殷民于成周，乱事乃定。洛邑，今河南洛阳县。同前。

(二) 讲第二节：起"又制礼作乐"，至"即周公所作"止。夏尚忠，商尚质，惟周尚文。故二代之制作，颇多简略。至周公出，而礼明乐备。举凡井田、官职、军旅、学校等诸大政，无不监于二代，损益得中，以成一王之制。为后世政治家所效法。其大纲细目，皆具于《周官》一书。《周官》，十三经之一，亦曰《周礼》，共分六官，各有所掌。周初政治，悉备于此。同前。

(三) 讲第三节：起"召公奭"，至课末止。周之开国，人才最盛。若太公望、毕公、荣公诸人，皆有名。而与周公同时作相者，则惟召公奭。奭亦姬姓，但族属稍疏耳。二公勤劳王室，惟分治诸侯。以陕为限，陕以东，隶周公；陕以西，隶召公。德望并隆，亦称二伯。陕，今河南陕县。同前。

（丙）整理

（一）回讲：_{同前。}同前。

（二）约述：［一］成王时何人作乱？［二］述周公所定制度之概略。［三］与周公共相者为何人？［四］周召合称之故。［五］镐京位置，在洛邑何方？［六］陕以东，当今何省？陕以西，当今何省？

（三）联络比较：［一］成王视太甲何如？［二］周公视伊尹何如？

（四）思考：［一］武庚何以作乱？［二］武王实行封建，何以制礼作乐，及一切规画之事，尚待周公？［三］周召夹辅，何以召公不称摄政？

（五）作表：

成王二相 { 周公旦—治陕以东
召公奭—治陕以西

周之二京 { 西都镐京_{在陕西}。—武王所建
东都洛邑_{在河南}。—周公所建

周公相业 { 平武庚之乱
营洛邑为东都
制礼作乐
规画井田、官职、军旅、学校
作周礼

备考

周公制周礼，以经邦国，总其凡有五，曰：吉、凶、军、宾、嘉。举其大有六，曰：冠、婚、丧、祭、乡、相见。又分六乐而序之，《云门》以祀天神，《咸池》以祭地祇，《大韶》以祀四望，《大夏》以祭山川，《大濩》以享先妣姜嫄，《大武》以享先祖。

井田。一夫受田百亩，八家同井，中为公田。

官职。天官冢宰，地官司徒，春官宗伯，夏官司马，秋官司寇，冬官司空。六官之属，各有六十，合成三百六十官。

军旅。周代寓兵于农，故军旅之制，与井田相表里。方里而井，井有八家，四井为邑，四邑为丘，四丘为甸。丘出戎马一匹，牛三头，甸出戎马四匹，兵车一乘，牛十二头，甲士三人，步卒七十二人，运辎重者二十五人。周时，谓兵为赋，意盖因此。

学校。大学在国者有五，惟辟雍①在中，为周制。其余在南之成均，黄帝制也。在东之东序，夏制也。在西之瞽宗，殷制也。在北之上庠，虞制也。在乡者，乡有校，州有序，党有庠，亦兼各代之名。至于小学，则闾有塾。教育普及，无逾于此。

---

① 辟雍(yōng)：西周天子所设大学。

第十二　穆王(一时间)

教材

穆王，名满，成王之曾孙也。其父昭王，南征不返，诸侯离贰①。王乃勤远略，以振君威。得八骏马，命造父御之，西巡狩，登昆仑山。<small>在今青海。</small>徐夷乘间作乱，驰归，讨平之。东南大局，得以无事。

要旨

授穆王事略，俾知君主好务边功之非。

预习

笔记：复习第八夏太康之事。

---

① 贰：背叛。

教授次序

（甲）预备

（一）检查预习：同前。

（二）指示目的：前言人君以得民心为本。然民心之归附，在怀其德，而非畏其威，震其武功。诸生亦欲知专尚威、务武功之人君乎？爰书课题于板，并指穆王肖像示之曰：此尚威务武功之穆王也。

（乙）提示

（一）讲第一节：起课首，至"诸侯离贰"止。昭王没，子满立，是为穆王。初昭王以南蛮不服，亲自南征，反自汉济。汉滨之人，以胶船进，至中流，胶液船解，王及卿士，皆溺死。王不务德，而以威临民，故诸侯离贰。昭王，名瑕，在位五十一年。南征，南巡狩也。同前。

（二）讲第二节：起"王乃勤远略"，至"登昆仑山"止。穆王惩父之祸，用君牙、伯冏诸贤，国家复治。于是雄心勃发，冀振威于万里之外。适得骏马八，又得善御名造父者。御之以巡狩西方，登昆仑之丘，乐而忘返。而国内之治乱，遂无暇顾虑焉。八骏，一赤骥，二盗骊，三白义，四渠黄，五骅骝，六骡骆，七骢耳，八山子。造父，纣臣蜚廉之后。昆仑山，黄河、长江发源处，山脉近帕米尔高原。同前。

（三）讲第三节：起"徐夷乘间作乱"，至课末止。徐国名，其地僻处东南，而化于夷，故称徐夷。至是其君能行仁义。中原无主，诸侯争讼无所质证，朝之者三十六国。徐君自称王，俨[1]欲代周。穆王闻之，长驱而归，兴师讨之。徐君不忍斗其民，北走彭城，旋死。乱事

---

① 俨：俨然。

乃定。徐，嬴姓，伯益之后。同前。

（丙）整理

（一）回讲：同前。

（二）约述：〔一〕穆王何人之曾孙？〔二〕昭王何以不返？〔三〕穆王西巡，至于何地？〔四〕西巡未返，东南何人作乱？〔五〕昆仑山在帕米尔高原何方？

（三）联络比较：〔一〕昭王视夏太康何如？〔二〕穆王西巡狩，视虞舜巡狩四方何如？〔三〕徐夷作乱，与武庚之乱同否？

（四）思考：〔一〕昭王时诸侯何以离贰？〔二〕穆王勤远略，何以仍有徐夷之乱？〔三〕西登昆仑，何以又南向讨罪？〔四〕使徐夷不平，东南大局如何？

（五）作表及填注地图：

$$穆王之远略\begin{cases}御八骏西巡\\登昆仑山\\平徐夷之乱\end{cases}$$

备考

穆王西巡狩，登昆仑之丘，以观黄帝之宫。又升春山，宿乎阆风玄圃，更至群玉之山。《穆天子传》云：群玉之山，阿平无险，四彻中绳。盖即今之所谓帕米尔。春山、阆风、玄圃，皆在其近旁。更至于西王母之邦，宴于瑶池，乐而忘返。返平徐夷，以造父有功，封之于赵，是为赵之始祖。又征犬戎，祭公谋父谏，不听。得四白狼、四白鹿以归。自是荒服①者不至。后因国用不足，使民以金赎罪，作《吕刑》。初，王欲

---

① 荒服：边远地区。

肆其心，周行天下，将皆必有车辙马迹焉。谋父作《祈招》之诗，以止王心。其诗曰："祈招之愔①愔，式②昭德音。思我王度③，式如玉，式如金。形④民之力，而无醉饱之心。"王以是获没于祇宫。在位五十五年。

---

① 愔（yīn）：形容安静和悦。
② 式：语首助词。
③ 度：仪表，气度。
④ 形：同"型"，衡量。

第十三 厉王(一时间)

教材

五传至厉王,暴虐无道,用荣夷公谋利,使卫巫监谤,民不堪命,起而袭王。王败,奔彘。在今山西。其时有政府而无君主,赖周、召即周召二公之后。二相,相与协和,共理国事,史家所谓共和时代也。迨厉王殁,二相奉太子靖即位,是为宣王。至是政权复归君主。

要旨

授厉王概略,俾知君主暴虐者之必败。

准备

穆王至宣王统系表:

穆王—恭王—懿王—孝王—夷王—厉王—宣王

预习

笔记：依教师所立统系表列表。复习第八及第十一后段。

教授次序

（甲）预备

（一）检查预习：同前。

（二）指示目的：前言昭王、穆王尚威务武功，犹不能令臣民悦服。然则暴虐臣民者将何如？爰书课题于板，并示之曰：厉王，周主之暴虐无道者也。

（乙）提示

（一）讲第一节：起课首，至"奔彘"止。天子富有四海，何至谋利。国无失政，何虑毁谤。乃厉王用非其人，至有谋利、监谤之举。此二端，皆暴虐无道之尤者。民何以堪命乎！民之袭王，王自取之也。于是败而奔彘，终身不得复位。荣夷公，厉王卿士。卫巫，卫国之巫，以巫人神灵，有谤毁必察也。袭王，掩其不备曰袭。彘，今山西霍县。同前。

（二）讲第二节：起"其时有政府"，至"共和时代也"止。王既去位，则中国无君。时周、召二相，同在政府。欲迎归厉王，则重违民意；欲立新主，则太子尚幼。亲政未遑①，又恐徒拥虚名。转于嗣君有所不利，于是二相和衷共济，暂摄国政，以待事机。谓之共和，亦权以处变之意也。时为厉王三十八年。共和，《史记正义》引韦昭云："公卿相与和而修政事，号曰共和也。"同前。

---

① 未遑：来不及。

（三）讲第三节：起"迨厉王殁"，至课末止。共和时代，厉王之王号固未废也。至五十一年，王没于彘。其时民怨已平，太子靖业成立，二相因以政权归之，奉即王位，是为周之宣王。于是去共和之号，复为君主之治。太子靖，彘之乱，太子匿召公之家，国人围之，召公出其子代太子，乃免。同前。

（丙）整理

（一）回讲：同前。

（二）约述：〔一〕厉王最宠任者何人？〔二〕王被袭，出奔何地？〔三〕周召秉政，史称为何时代？〔四〕王没，嗣位者何人？〔五〕彘在今何省？

（三）联络比较：〔一〕周厉无道，视商纣何如？〔二〕共和时之周召，视分陕时之周召，难易若何？〔三〕二相归政宣王，视伊尹归政太甲同否？

（四）思考：〔一〕厉王设监谤之官，民不堪命时如何？〔二〕王何以败？〔三〕共和之义与现今称共和政体者同否？

（五）作表：

$$
共和始末
\begin{cases}
厉王暴虐 \\
奔彘之祸 \\
周召共理国事 \\
太子靖即位 \\
大权复归君主
\end{cases}
$$

备考

周厉王，名胡，夷王之子。王好利，近荣夷公。芮良夫谏曰："荣公好专利，而不知大难。匹夫专利，犹谓之盗；王而行之，其归鲜矣。荣公若用，周必败。"王不听。国人谤之。王怒，得卫巫，使监谤者，以告则杀之。国人莫敢言，道路以目。王喜，自以为能弭谤。召公虎曰："是障之也。防民之口，甚于防川。是故为川者，决①之使导；为民者，宣之使言。若壅其口，其与能几何?"王不听。居数年，民不能忍，乃相与畔②，厉王出奔于彘。

---

① 决：疏通水道。

② 畔：古同"叛"。

第十四　宣王　平王(一时间)

教材

宣王慨外族之逼处①,南征荆蛮,北伐猃狁,遂致中兴。幽王嗣位,无道,宠褒姒,结怨于诸侯,犬戎内寇,遂弑王。其子宜臼,初得罪于父,出奔于外。至是晋、秦、郑、卫勤王兵至,迎宜臼立之,是为平王。平王不能报父仇,雪国耻,迁都洛邑,在今河南。以避戎患。周室遂成偏安之势。

要旨

授宣王中兴,兼及幽平概略,俾知能制外患者国必强,否则国弱。

预习

笔记:复习第八"相子少康"以下课文,及第十二"王乃勤远略"

---

① 逼处:逼近居住。

以下课文。

教授次序

(甲) 预备

(一) 检查预习：同前。

(二) 指示目的：中国自黄帝驱除外族，始能统一国家。故国之强弱，恒与外患为消长。能制外患，则国强；受制于外患，则国弱。爰书课题于板曰：宣王是能制外患者，平王则受制于外患者。

(乙) 提示

(一) 讲第一节：起课首，至"遂致中兴"止。宣王即位，周、召辅政，复修文武成康之治。惟外族日益强大，如西戎①、淮夷、徐夷②等，皆患逼处。而最大者则有南方之荆蛮，北方之猃狁。宣王均次第平之。号为中兴，周室益固。荆蛮，今湖北江汉间。猃狁，今山西塞外。同前。

(二) 讲第二节：起"幽王嗣位"，至"是为平王"止。宣王没，子幽王嗣。嬖③宠褒姒，废申后，及太子宜臼。诸侯咸怨，酿成犬戎之祸，被弑骊山。幸赖晋、秦、郑、卫四国，率师勤王，驱逐犬戎，并迎宜臼于外，奉之为君。周室绝而复延，即史称平王是也。褒姒，褒，国名，在今陕西；姒，姓，初褒人有罪，请入女子于王以赎罪，是为褒姒。犬戎，突厥族，以今陕西凤翔一带为根据地。晋，在今山西。秦，在今陕西。郑、卫，均在今河南。同前。

(三) 讲第三节：起"平王不能报父仇"，至课末止。犬戎之于平王，

---

① 西戎：古时对西方诸部族的统称。

② 淮夷、徐夷：皆属东夷的分支。

③ 嬖(bì)：宠幸。

有杀父之仇,有亡国之耻。使平王能正位镐京,报仇雪耻,未尝不可以继武宣王。乃心存畏葸[1],舍西都而就东都,此周室之偏安,所由致也。迁都,自武王即位讫于平王东迁,凡三百四十八年。同前。

(丙)整理

(一)回讲:同前。

(二)约述:[一]宣王何以中兴?[二]幽王何以被弑?[三]宜臼何人迎立?[四]周室因何偏安?[五]晋、秦、郑、卫,当今何地?[六]洛邑何人所营?

(三)联络比较:[一]宣王中兴,视夏少康何如?[二]犬戎之乱,视徐夷何如?[三]宣王南征北伐,视穆王勤远略何如?

(四)思考:[一]外族逼处,使宣王不能征伐,周室尚能安否?[二]宣王大张挞伐,何以幽王时,犬戎尚能内寇?[三]周初封建诸侯,何以勤王之兵,止有晋、秦、郑、卫?[四]平王视宣王何如?

(五)作表:

$$
共和时代后周之兴衰\begin{cases}宣王中兴\\幽王被弑\\平王东迁\end{cases}
$$

备考

宣王命秦仲讨西戎,命尹吉甫帅师北伐猃狁,命方叔将兵南征荆蛮,遣召穆公虎帅师伐淮南之夷,王自将亲征淮北徐夷。勤于政事,卒成中兴。在位四十六年。

幽王名涅(湦),初娶申姜姓国,在今河南南阳县。女为后,生太子

---

[1]　葸(xǐ):畏惧,谨慎。

宜臼。后得褒姒，生伯服。于是废申后，黜①宜臼，以褒姒为后，立伯服为太子。宜臼奔申，后王听褒姒之潜②，欲杀宜臼。求之于申，申侯乃召犬戎以攻王。先是王欲得褒姒之笑，无故举烽火，诸侯皆至，至而无寇，褒姒大笑。至是王举烽火征兵，兵莫至。犬戎遂弑王于骊山之下，虏褒姒，并杀郑桓公，尽取周宝赂而去。晋文侯、卫武公、秦襄公，将兵救周平戎。与郑武公即申国，共立故太子宜臼，是为平王。而西周遂亡。

① 黜：罢免，降职。
② 潜(zèn)：诬陷，中伤。

第十五 春秋霸者(二时间)

教材

东迁以后,二百四十二年间,史谓之春秋之世。强陵弱,众暴①寡,周不能讨,惟赖强大之诸侯,主持盟会,谓之霸者。齐太公望之后也,而有桓公。宋微子启之后也,而有襄公。晋唐叔虞之后也,而有文公。秦非子之后也,而有穆公。楚熊绎之后也,而有庄王。齐桓、晋文,均能尊周攘夷,独宋襄霸业不终。而秦穆起自西戎,楚庄敢于问鼎,宗旨各异。中原大势,亦因是为转移焉。五霸既微,吴、越继起。吴,周泰伯之后也,而有夫差。越,夏禹之后也,而有句践。夫差霸吴,几灭越国。句践卧薪尝胆,用范蠡、文种,使修内政,令民皆习兵,生聚教训,二十余年,卒灭吴而图霸。其能报仇雪耻,人多称之。

要旨

授东迁以后,王室衰微,俾知攘夷尊周,赖有霸者。

---

① 暴:践踏。

准备

春秋形势简图。

春秋形势图

预习

笔记：令依附图绘之。复习第十"分封宗亲功臣"以下课文，及第十四。并探揣平王以前，权在天子，平王以后，权在诸侯，是何主因。

教授次序

（甲）预备

（一）检查预习：同前。

（二）指示目的：周初封建诸侯，原以屏藩王室，故犬戎内寇，诸侯犹能勤王。然平王东迁后，周室之势力与诸侯之情状若何？爰书课题于板，指示之。

（乙）提示

（一）讲第一节：起课首，至"谓之霸者"止。春秋，本鲁史之名。孔子因之记平王以来，迄于敬王之事，故其间二百四十二年，谓之春秋。其实即东迁以后史也。西周之时，苟有诸侯恃强陵弱，恃众暴寡，天子得而讨之。至此而天子无权，惟赖霸者出而主持盟会。时局一变焉。霸者，诸侯之长。盟，誓约也，谓杀牲歃血，而告誓于神明也。会，诸侯相见曰会。同前。

（二）讲第二节：起"齐太公望之后也"，至"而有庄王"止。霸者之国必大，兵必强，而又必为明德之后，威望素著，然后足以进退诸侯。齐之桓公，宋之襄公，晋之文公，秦之穆公，楚之庄王，相继主盟中原，恃此故也。兹五君者，谓之五霸。太公望，文王时为尚父，佐武王伐纣。微子，商汤之后。唐叔，成王弟。非子，舜臣伯益之后，周时养马汧渭之间，封邑于秦。熊绎，文王师，鬻熊之孙，成王时封于楚。同前。

（三）讲第三节：起"齐桓、晋文均能"，至"亦因是为转移焉"止。齐桓、晋文，尚知尊周室，攘夷狄，以维持中夏。宋襄则求霸诸侯而业不终。秦穆称霸西戎，西方诸侯，但知有秦而不知有周。楚庄率师过周，问鼎轻重，其心已不可测。故中原大势，亦视其霸业之盛衰，为转移焉。起自西戎，平王时，秦文公败戎师，收岐西之地，秦始大。问鼎，禹之九鼎，三代相传，犹传国玉玺也。楚子问鼎，有图周之意。同前。

（四）讲第四节：起"五霸既微"，至"而有句践"止。周泰伯之后，封于吴。夏禹之后封于越。只以僻处东南，中原盟会，罕与其列。自晋为楚败，遂联吴以疲楚，楚亦联越以制吴，而吴、越因之继起。其后吴之君最著者，曰夫差。越之君最著者，曰句践。吴，在今江苏。越，在今浙江。同前。

（五）讲第五节：起"夫差霸吴"，至课末止。初夫差伐越，为父阖闾复仇。当是时，越几不国，求和许之。吴遂霸东南。句践阴怀雪耻报仇之志，藉薪而卧，寝不安也。悬胆而尝，食不甘也。一切内政军事，恃范蠡、文种为谋主，以力图振作。历二十年，一举灭吴，亦称霸焉。计自齐桓创霸，终春秋之世，至于句践，而霸者之局亦终。范蠡，字少伯。文种，字子禽。皆越大夫。生聚教训，越十年生聚，十年教训，故二十年而报吴。同前。

（丙）整理

（一）回讲：同前。

（二）约述：［一］春秋之名因何而起？［二］五霸何人之后？［三］尊周攘夷者何人？［四］秦、楚对于周之情状如何？［五］吴、越何人之后？［六］句践致强，赖何人之力？［七］齐、宋、秦、晋、楚、吴、越，当今何地？

（三）联络比较：［一］春秋时代，与共和时代同否？［二］霸者视三王何如？［三］平王以前，中原大势何如？［四］句践视夏少康何如？

（四）思考：［一］诸侯纷争，周何以不能讨？［二］秦楚对于周室，与齐宋晋何以不同？［三］句践报吴，何以必待二十余年？

（五）作表及填注地图：

春秋五霸 ｛
齐桓公——太公望
宋襄公——微子
晋文公——唐叔虞　之后始封地在今 ｛
秦穆公——非子
楚庄王——熊绎
｝
山东
河南
山西
陕西
湖北

五霸后之霸者 ｛
吴王夫差——泰伯
越王句践——夏禹
｝ 之后始封地在今 ｛
江苏
浙江

备考

齐桓公，姜姓，名小白，太公十一世孙。初太公封齐，_{今山东昌乐}县。至桓公霸诸侯，一匡天下。

宋襄公，子姓，名兹父。其先出自商，周初封微子于宋，_{今河南商}丘县。至襄公称霸。为楚所败，宋霸遂衰。

晋文公，姬姓，名重耳，叔虞之后。初叔虞封唐，_{今山西翼城县}。后称晋。至文公败楚于城濮，遂霸诸侯。晋以世有贤佐，故能世为霸主，凡百余年。

秦穆公，嬴姓，名任好。晋文公卒，东向窥郑，冀得志于中原，为晋所遏，故仅霸有西戎。所据地，当今陕西、甘肃一带。

楚庄王，芈姓，名侣。楚为子国。周制子男五十里，其初疆域甚小。迨熊渠自丹阳_{今湖北秭归县。}东侵，至于鄂。立其诸子为王，分处江上。至庄王大破晋兵于邲，遂霸诸侯。

吴，姬姓。泰伯，周太王长子，与弟仲雍让国于季历，逃至荆蛮。后人遂居其地，武王封其后于吴。旧都今江苏吴县，传至阖闾，曾破楚。后因伐越，伤将指①而卒。其子夫差立，使人立于庭，出入必呼

————————

① 将指：足的大指。

曰：夫差而忘越王之杀而父乎？则对曰：不敢忘。三年兴师伐越，大败之。越请成，吴许之。遂臣服于吴。既而与诸侯会于黄池，与晋争长。

越，姒姓。夏少康子无余所封国。二十余传而至句践。句践既败于会稽而归，乃苦身焦思，卧薪尝胆。身自耕作，夫人自织，折节下贤，赈贫吊死，与百姓同劳苦二十余年。周敬王三十八年袭吴，入其郛①，获太子。后五年，又伐吴，围之三年，遂灭吴。

---

① 郛（fú）：郭，外城。

第二册

第一 管仲(一时间)

教材

管仲,名夷吾,春秋时政治家也。相齐桓公,首修内政,别四民之居,兴鱼盐之利,编户口,作军政,使人与人相保,家与家相爱。为政期月,民大悦。然后北伐山戎,南伐楚。桓公创霸,仲之力也。所著书,有《管子》八十六篇。

要旨

授管仲生平之概略,俾知齐桓创霸所由成。

预习

于课前指定下列数事,使先分时自习之。下同。

笔记:复习前册第十五,注意齐事,及越句践所以致强之故。

教授次序

（甲）预备

（一）检查预习：令各出笔记簿，教师巡阅，查其何处不解。如有图表，则查其有无不合。<small>不合者使改正之。</small>俾教时知所注意。下同。

（二）指示目的：成汤之王也，以^①伊尹。周武之兴也，以周公。得人则治，不独王者然也，即霸者亦然。诸生亦知齐桓公霸业之所由成乎？爰书课题于板曰：此即佐桓公创霸业者。

（乙）提示

（一）讲第一节：<small>起课首，至第三句止。</small>管夷吾，颍上人，初事^②齐公子纠。子纠死，鲍叔牙荐于桓公，以为相。尊为仲父，故曰管仲。在春秋霸佐之中，宋、晋、秦、楚诸臣，皆莫能及，故为政治大家。<small>政治家，言长于政治之专门家也。</small>讲毕，指生将本节文字，朗读一遍，令诸生开书同听之，<small>（如误）</small>教师范读，正其句读。再指生口述大义，<small>（如误）</small>则略述前讲复演之。下同。

（二）讲第二节：<small>起"相齐桓公"，至"仲之力也"止。</small>仲之修内政，所以寄^③军令也。别四民，使安其业。兴鱼盐，以理其财。编户口，以知民数。作军政，以振民气。相保相爱，是其作用。期月民悦，是其功效。内政既修，然后从事征讨。北方之患在山戎，南方之患在楚，次第伐之，以达其尊攘之目的。故孔子尝曰："桓公九合诸侯，不以兵车，管仲之力也。"其推重可知矣。<small>四民，士、农、工、商。鱼盐，齐处东海，富鱼盐之利。户口，家曰户，人曰口。军政，五家为轨，十轨为里，四里为连，</small>

---

① 以：因为。
② 事：事奉，侍奉。
③ 寄：委托，托付。

十连为乡,五乡一帅。伍之人居同乐,行同和,死同哀。守则同固,战则同强。期,读作姬,周一年也。山戎,东胡族,所占地当今直隶之东北部。同上。

（三）讲第三节：课末二句止。吾人生于今日,仲之霸功,不可得而见矣。其可得而读者,犹有仲之遗书。此八十六篇,相传即仲所手著。今考其书,如《牧民》《乘马》《幼官》《轻重》诸篇,大抵不离《周官》以制用,而亦不尽局于《周官》,以通其变。昔人言之详矣。故由春秋至今,犹保存之。其令人景慕何如耶。管子,道德学问出众者曰子,所著书亦曰子,如孟子、庄子皆是。八十六篇,《管子》原本篇数,今佚十篇。同上。

（丙）整理

（一）回讲：令生徒将各节文字,或分或合,轮流口述。述时宜将教师已讲演者,略举大概。下同。

（二）约述：使答下列各项,不许开书：［一］略举仲之内政。［二］仲佐桓公所伐何国？［三］《管子》一书若干篇？［四］山戎当今何地？

（三）联络比较：［一］管仲比伊尹何如？［二］桓公之得管仲,比句践之得范蠡、文种何如？［三］齐之盐利,视凤沙氏制盐同否？［四］管仲著书,视周公著礼何如？

（四）思考：［一］管仲治齐,何以不先征伐？［二］相保相爱之政策,施之于今,尚适用否？［三］春秋距今已远,《管子》一书,何以人犹保存？

（五）作表：令生徒就本文摘要,分类,试作简表。（如不能作）书下式于板示之,使载入笔记簿。

$$
\text{管仲之内政}
\begin{cases}
\text{别四民之居} \\
\text{兴鱼盐之利} \\
\text{编户口} \\
\text{作军政}
\end{cases}
\quad
\text{武功}
\begin{cases}
\text{北伐山戎} \\
\text{南伐楚}
\end{cases}
$$

备考

管仲,少与鲍叔牙为友,时称管鲍。初,齐襄公_{桓公父}。无道,鲍叔奉公子小白奔莒①。及公孙无知弑襄公,仲及召忽,奉公子纠奔鲁,鲁人纳之,未克②,而小白入,是为桓公。使鲁杀子纠,而请管、召,召忽死之,管仲请囚,鲍叔荐于桓公。

别四民之居。处士就燕闲,处工就官府,处商就市井,处农就田野。少而习焉,其心安焉。

北伐山戎。_{以山戎伐燕故。}

南伐楚。_{以楚灭诸姬故。}

---

① 莒(jǔ):今山东省莒县。

② 未克:没有成功。

第二 子产（一时间）

教材

子产，郑公族，名侨，亦春秋时政治家也。为政宽猛相济，豪强不得逞，而民受其惠。时晋、楚争霸，郑介居其间，与晋则晋霸，与楚则楚霸，故被兵尤亟。子产修明内政，而后应付外交，词令不卑不亢，晋、楚不敢侮郑者四十年。

要旨

授子产概略，俾知处列强之世，尤重外交。

预习

笔记：复习前课。

教授次序

（甲）预备

（一）检查预习：同前。

（二）指示目的：春秋之时，强陵弱，众暴寡。管仲相桓公，图霸业，在修明内政。诸生既闻之矣，抑知当时善于外交之人乎？爰书课题于板曰：此即春秋之善于外交者。

（乙）提示

（一）讲第一节：起课首，至"而民受其惠"止。子产，郑之公族，别姓公孙氏，名侨。春秋时，管仲而后一政治家也。周景王时，郑君使执国政，宽以济①猛，猛以济宽。以郑国族大宠多，子产一以礼法驭之，故人莫敢犯。孔子称为惠人，则民之所受者可知矣。郑，周宣王弟友封国。始封地，今陕西华县，继迁地，今河南新郑县。同前。

（二）讲第二节：起"时晋楚争霸"，至"故被兵尤亟"止。郑之为国，晋在其北，楚在其南。时晋、楚方争霸中原，楚得郑，则足以制晋；晋得郑，则足以制楚。郑虽欲守中立，而力有所不能。故晋、楚交兵，郑之受祸，较他国为烈。被兵尤亟，如周定王十年邲之战，简王十一年鄢陵之战，皆是。邲与鄢陵，皆郑地。同前。

（三）讲第三节：起"子产修明内政"，至课末止。及子产为相，始则讲求内政，继则讲求外交。外交最重者词令。郑之国小，卑则受侮，亢则招尤②。故郑国使命，必经裨谌草创，游吉讨论，子羽修饰，而终以子产之润色，期于不卑不亢而后止。遂能确立于两大之间，历四十年之久不受兵祸，皆子产之力也。修明内政，如都鄙有章，上下有

---

① 济：调和

② 尤：怨。

服,田有封洫,庐井有伍之类。同前。

（丙）整理

（一）回讲：同前。

（二）约述：［一］子产为政何如？［二］郑何以常被兵祸？
［三］子产外交何如？

（三）联络比较：［一］郑之国势,视齐奚若？［二］子产之修内
政,视管仲奚若？［三］郑在今何省？

（四）思考：［一］郑何以不能与晋、楚争霸？［二］晋、楚何以不
敢侮郑？

（五）作表：

$$
\text{子产事略}\begin{cases}\text{郑公族}\\\text{春秋政治家}\\\text{修明内政}\\\text{应付外交}\end{cases}\quad\text{郑之邻国}\begin{cases}\text{晋在其北}\\\text{楚在其南}\end{cases}
$$

备考

子产从政一年,舆人①诵之曰:"取我衣冠而褚_{藏也}。之,取我田
畴而伍之。孰杀子产,吾其与之。"及三年,又诵之曰:"我有子弟,子
产诲②之。我有田畴,子产殖之。子产而死,谁其嗣之。"

子产有疾,谓子太叔曰:"我死子必为政,唯有德者,能以宽服民,
其次莫如猛。夫火烈,民望而畏之,故鲜死焉。水懦弱,民狎而玩之,
则多死焉。故宽难。"子产卒,仲尼闻之,出涕曰:"古之遗爱③也。"

———————————

① 舆人：众人。

② 诲：教诲。

③ 遗爱：因为德行高尚而被人怀念的人。

第三　孔子（一时间）

教材

孔子，名丘，字仲尼，生于鲁，在今山东。大圣人也。初仕鲁，为相三月，国俗一变。鲁君与齐君会于夹谷，在今山东。孔子以片言却莱在今山东。兵，反①侵地。齐忌鲁强，赂执政以女乐，使之怠于政事。孔子知鲁不足有为，遂去鲁。周流列国，所至不合。返鲁，修《春秋》、删《诗》《书》，定《礼》《乐》；教育，分德行、政事、言语、文学四科。弟子三千人，颜回、曾参最贤。

孔子像

要旨

授孔子概略，俾知为中国儒家之祖。

---

① 反：同"返"，返还。

准备

孔子肖像图。

教授次序

(甲) 预备

指示目的：上所讲历史上之人，大都身为君相，得志以行其道者。诸生亦知有道不行于当时，而其言行师表万世，为吾国历史上唯一之人乎？爰书课题于板，并指图像示之曰：此即吾人所崇拜之孔子。

(乙) 提示

(一) 讲第一节：起课首，至"大圣人也"止。孔子之先本宋人，其后迁于鲁。父叔梁纥，母颜氏，祷于尼丘，而生孔子，故名丘，字仲尼。事无不通之谓圣。孔子生尧、舜、禹、汤、文、武、周公之后，而能传其道，以教后世，故谓之大圣人。鲁，周公所封国，其都城，在今山东曲阜县。同前。

(二) 讲第二节：起"初仕鲁"，至"使之怠于政事"止。孔子初仕鲁为中都宰，治绩大著，四方诸侯则①焉。继由大司寇摄行②相事，三月，鬻羔豚者弗饰贾③，男女行者别于涂④，涂不拾遗，国俗为之一变。夹谷，齐地也，鲁定公与齐景公为好会，孔子尝相之。礼毕，齐人诈

---

① 则：仿效，效法。
② 摄行：代理行使。
③ 饰贾：亦作"饰价"，以欺诈手段抬高价格。
④ 涂：同"途"，道路。

言奏乐，以莱夷兵胁鲁君。孔子面责齐君，使麾①而退，并要其归前所侵地，以谢过。齐因与鲁接壤，忌鲁用孔子，不利于齐。因遗②鲁君以女乐，季桓子受之。三月不听政，于是齐人之间行，而孔子乃不能久于其位。夹谷，山名，在今山东淄水县。反鲁侵地，即郓（今山东郓城县）、汶阳（今山东汶上县）、龟阴（今山东泗水县龟山之北）之田，本鲁地，为齐所侵，至此始归之。同前。

（三）讲第三节：起"孔子知鲁不足有为"，至课末止。鲁君臣既为齐所惑，孔子遂去鲁。冀有所遇，以行其道。周流郑、卫、齐、楚诸国，计十有四年。道大莫容，旋返鲁著书，以诏后世。《春秋》《诗》《书》《礼》《乐》，皆孔子所手订者也。其教育分为四科：首德行，次政事，次言语，次文学。弟子著籍者，三千人。身通六艺者，七十二人。颜回好学，先孔子卒。曾参受业最后，得一贯之传。故弟子最贤者，推颜、曾。春秋，见第一册第十五。《诗》《书》《礼》《乐》，孔子删《书》，上纪唐虞，下至秦穆。古《诗》三千余篇，孔子删诗存三百五篇，皆弦歌之，以求合韶武雅颂之音，礼乐自此可得而述。见《史记》。颜回，字子渊。曾参，字子舆。同前。

（丙）整理

（一）回讲：同前。

（二）约述：[一]孔子初仕何国？[二]夹谷之会，孔子与齐所争者何事？[三]夹谷在今何省？[四]返鲁后有何著述？[五]教育所分几科？[六]弟子著名者何人？[七]弟子三千人，颜、曾何以最贤？

（三）联络比较：[一]孔子制作视周公何如？[二]孔子之六经，视管子何如？

（四）思考：[一]不用甲兵，而能却敌反地，是何作用？[二]孔

---

① 麾：指挥。
② 遗：赠送。

子去留，于鲁国有何关系？

（五）作表：

$$
孔子之政治
\begin{cases}
为相三月，国俗一变 \\
夹谷之会，却莱兵，反侵地
\end{cases}
\qquad
孔子之
\begin{cases}
著述
\begin{cases}
修《春秋》 \\
删《诗》《书》 \\
定《礼》《乐》
\end{cases} \\
教育
\begin{cases}
德行 \\
政事 \\
言语 \\
文学
\end{cases}
\end{cases}
$$

备考

孔子，宋微子之后。宋之公族，别姓为孔氏。孔防叔畏华氏之逼，奔鲁，故孔氏为鲁人。防叔生伯夏，伯夏生叔梁纥，叔梁纥生孔子。时鲁襄公二十二年，即周灵王二十一年也。

四科。德行：颜渊、闵子骞、冉伯牛、仲弓。政事：冉有、季路。言语：宰我、子贡。文学：子游、子夏。

第四　老子(一时间)

教材

孔子时,有周守藏室史老子者,姓李,名耳,其年长于孔子,孔子尝就而学礼焉。老子熟于掌故,慨周末文①胜,矫以清静无为之说,著《道德经》五千言。周衰,弃官而去。列御寇、庄周之徒继之,称为老庄之学。言道德者,或托之黄帝、老子,以黄老并称。而道教又目老子为神仙,末流附会,不足信也。

要旨

授老子概略,俾知儒家之外,尚有别派。

预习

笔记:复习前课"修《春秋》"以下之课文。

---

① 文:文饰。

教授次序

（甲）预备

（一）检查预习：同前。

（二）指示目的：孔子之道甚大，其教人尤重伦理，故后世奉为儒家之祖。惟春秋时代，诸子渐兴，亦有别立学派者。诸生知有与孔子并称之人乎？爰书课题于板示之。

（乙）提示

（一）讲第一节：起课首，至"而学礼焉"止。老子，楚人，官于周，为守藏室之史。李姓，名耳，一称老子。孔子年少好学，闻老子年高，精于礼。弟子南宫敬叔为之言于鲁君，与之一车两马，俱适周，以就学焉。守藏室史，周天子藏书室之史也，一曰柱下史。同前。

（二）讲第二节：起"老子熟于掌故"，至"弃官而去"止。老子职司典册，且居官久，故于历朝掌故之学，言之甚熟。周代尚文，至其末年，文胜于质，老子思有以矫之，而无其权，爰立说垂教，以为清静则可息争，无为则可返朴。《道德经》五千言，其所著也。后亦无心仕进，遂去周，不知所终。掌，职掌也。故，谓故事。《道德经》，分上、下篇，今其书即称《老子》。同前。

（三）讲第三节：起"列御寇"，至课末止。观于老子守礼法，重道德，其宗旨甚正。绝非放弃礼教，菲薄道德，及好为长生不死之说可知。自列御寇、庄周之徒，学老子而矫枉过正，于是始有老庄之学。至以黄帝与老子并称，及目老子为神仙，则皆始于西汉。其实黄帝与老子不侔①，道教又与老氏剌谬②，末流附会，何足与议老子哉！

---

①　侔(móu)：相等，等同。

②　剌谬(là miù)：违背，悖谬。

列御寇所著书,名《列子》。庄周所著书,名《庄子》。皆战国时人。黄老,汉文帝好黄老家言。道教始于汉张道陵等,以老子为道教之祖。同前。

（丙）整理

（一）回讲：同前。

（二）约述：［一］老子仕周为何官？［二］就之学礼者何人？［三］所著书何名？［四］继老子之后,而宗其说者何人？

（三）联络比较：［一］老子视孔子何如？［二］庄、列之徒,视孔门颜、曾何如？

（四）思考：［一］老子之学,与今日之道家,是否相同？［二］神仙之说,是否足信？

（五）作表：

$$
老子\begin{cases}学说——清静无为\\著述——《道德经》\\传统——列御寇、庄周\end{cases}
$$

备考

老子,字伯阳,谥曰聃,楚苦县今河南鹿邑县。厉乡曲里人也。

孔子适周,将问礼于老子。老子曰："子所言者,其人与骨皆已朽矣,独其言在耳。且君子得其时,则驾①；不得其时,则蓬累而行②。吾闻之,良贾深藏若虚③,君子盛德,容貌若愚。去子之骄气与多欲,态色与淫志④,是无益于子之身。吾所以告子者,若是而已。"

---

① 驾：乘车,引申为外出做官。

② 蓬累而行：像蓬草一样随风飘转。

③ 良贾深藏若虚：善于经营的商人把贵重之物深藏而不显露。

④ 淫志：过大的志向。

第五　战国（二时间）

凡一课授二时者，第一时，起预习，至提示止；第二时，起整理，至作表及填注地图止。或提示项下内容丰富，非一时所能授毕，亦可留一二节，并入第二时再授。听教师随时酌量之。下同。

教材

春秋以后，周室愈衰，亘①二百五十七年之久，史称战国之世。三家分晋，为赵、魏、韩三国。齐为田氏所篡，咸②僭③称王号，与秦、楚、燕并峙，是为战国七雄。此外各国，并吞殆尽。七雄之中，秦最强。秦孝公用商鞅，鞅欲变法，先立木南门，下令国中曰："有能徙至北门者，予五十金。"有一人徙之，予五十金。于是令民为什伍，安居务农，有事则为兵。勤者赏，惰者罚。太子犯法，鞅刑其师傅。国人守法，不敢犯，秦国大治。此外若赵武灵王，胡服骑射，教民尚武，北略胡地，西探强秦，亦能发愤自雄者也。

---

① 亘：在时间和空间上延续不断。
② 咸：皆，都。
③ 僭：超越本分，指地位在下者冒用在上者的称号、仪礼等。

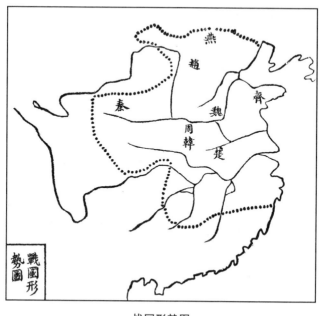

战国形势图

要旨

授战国概略，俾知霸者之后，更有七雄之竞争。

准备

战国疆域形势简图。

预习

笔记：令以附图为蓝本，与春秋疆域比较之。复习第一册第十五。

教授次序

（甲）预备

（一）检查预习：同前。

（二）指示目的：春秋时政在诸侯，诸生既已闻之矣。抑知春秋末之事变，更有异乎？爰书课题于板，并指疆域简图示之曰：春秋以后之强国止此。

古时攻战图

（乙）提示

（一）讲第一节：起课首，至"史称战国之世"止。春秋霸者咸以尊周为名，故其时诸侯目中，尚有王室。至此以后，周室愈衰，其所以不即亡者,则以权势愈分,竞争愈烈,无暇图周故也。其间二百余年,称曰战国。则周亦徒有其名而已。二百五十七年,自周敬王四十年,迄秦始皇二十六年,适二百五十七年,天下统一于秦,战国遂终。同前。

(二)讲第二节:起"三家分晋",至"并吞殆尽"止。战国时,有一国而分裂者,有易姓而仍其国名者。如晋本为一国,三家分之,而为赵、魏、韩三国。齐本太公之后,田氏篡之,而仍其国号是也。有本为故国,由弱而强,如秦、楚、燕是也。此七国者,并峙中原,如斗鸡然,各有雄飞之势,故谓之雄。若鲁、卫、中山诸小国,赖大国保护,幸而不亡。其余盖罕有存焉者矣。赵,赵籍分地,都城在今直隶。魏,魏斯分地,都城在今山西。韩,韩虔分地,都城在今河南。田氏,齐大夫田和。秦、楚、燕见前。同前。

(三)讲第三节:起"七雄之中",至"有一人徙之,予五十金"止。秦据关中①,居六国上游,其势最强。商鞅者,卫之诸公子②,好刑名③之学。初仕于魏,不见用,闻孝公贤,遂入秦。鞅首言变法,以为民可与乐成,难与图始④。子夏曰:"信而后劳⑤其民。"鞅之徙木立信,盖此意也。孝公,名渠梁,献公子。商鞅,姓公孙氏,以封于商,故曰商鞅。同前。

(四)讲第四节:起"于是令民为什伍",至"秦国大治"止。鞅之政策,在足食足兵,故什伍之法,即行于平居无事之时。使举国之民,不入于农,则入于兵。其作用,则又在信赏必罚。故虽太子犯法,亦必刑其师傅也。于是国俗一变,称强诸侯。什伍,军队以五人为伍,二伍谓之什。太子,即惠王。师,公孙贾。傅,公子虔。同前。

(五)讲第五节:起"此外若赵武灵王",至课末止。秦既最强,赵亦

---

① 关中:今陕西省中部。
② 诸公子:贵族子弟。
③ 刑名:主以法律治国,慎赏明罚的学说。
④ 图始:事前谋划。
⑤ 劳:役使。

不弱。赵武灵王，以中国古用车战，不利冲突，且褒衣博带，弗适于用武。从其臣楼缓谋，改袭胡服，令士卒悉习骑射，至是军威大震。取中山，灭林胡，又西北略①地，将从云中、九原，南袭咸阳。乃诈为使者入秦，欲以观秦地形，及秦王之为人。及为秦所觉，而王已脱关归国矣。此亦齐、楚、韩、魏、燕诸君，所不能及者也。赵武灵王，名雍，后更名主父，赵肃侯子也。同前。

（丙）整理

（一）回讲：同前。

（二）约述：［一］战国时代，称雄者何国？［二］分晋者何人？［三］篡齐者何人？［四］徙木之令，何人所作？［五］秦人何以守法不敢犯？［六］赵武灵王以何事教民？［七］赵、魏、韩三国，在何流域？［八］齐、秦、楚、燕在今何省？

（三）联络比较：［一］战国时之诸侯，视春秋多寡若何？［二］商鞅治秦，视管仲治齐及子产为政何如？［三］赵武灵王之政策，视句践何如？［四］七雄宗旨，视五霸有无同异？

（四）思考：［一］晋分，齐篡，周室何以不讨？［二］太子犯法，何以刑其师傅？［三］赵王教民尚武，何以不能并秦？

（五）作表及填注地图：

| 七雄 | 秦
楚
齐
燕
韩
魏
赵 | 商鞅之变法 | 立木示信
令民为什伍
勤者赏
惰者罚 | 赵武灵王发愤自雄 | 胡服骑射
教民尚武
北略胡地
西探强秦 |

---

①　略：巡视，巡行。

备考

周威烈王二十三年，初命晋大夫魏斯、文侯。赵籍、烈侯。韩虔为诸侯。初，晋之政在六卿。六卿者，范氏、中行氏、智氏，与韩、赵、魏三氏也。及春秋之末，智氏最强，遂与三家灭范、中行氏，而分其地。至周贞定王十六年，三家又灭智氏，而分其地。晋侯止有绛、曲沃二邑，反往朝三家焉。及是三家始受命为诸侯。越二十七年，三家共废晋君，而分绛、曲沃地，晋亡。

齐之世卿，曰高氏、国氏，皆同姓之卿也。桓公时陈公子完，奔齐，世仕齐国。至景公时，灭国、高而专齐政。后陈恒弑简公，所据封邑，大于公田。嗣后改称田氏。至其裔孙田和，迁其君于海上，而求为诸侯。周安王十六年，命田和为诸侯。

秦孝公，献公子，用商鞅变法，行之十年。秦国道不拾遗，山无盗贼。民勇于公战，怯于私斗。乃封鞅商、於十五邑，号曰商君。孝公卒，子驷立，是为惠王。公子虔之徒，告鞅欲反，发吏捕之。鞅出亡，去之魏。魏人不受，纳之秦。秦车裂以徇①。

---

① 徇：同"殉"，丧命。

第六　孟子(一时间)

教材

后孔子百余年,有孟子,名轲,字子舆,邹<small>在今山东</small>。人。幼学不力,母断机以警之,孟子惧而勤学,遂成大儒。战国尚功利,不恤民命。孟子倡民贵之说,惠王、齐宣王闻其贤,交聘之。既至,宗旨不合,归而与其徒万章、公孙丑辈,讲学以终老焉。与孟子相先后者,宋有墨翟,周有杨朱,齐有邹衍,魏有李悝,楚有许行,郑有申不害,韩有韩非。各以其学鸣。孟子独宗仲尼,著书七篇,以翼①孔教,后世尊为亚圣。

孟子墓

---

① 翼:辅助。

要旨

授孟子概略，俾知扶翼圣教，实为后世尊孔之先声。

预习

笔记：复习第三、第四。

教授次序

（甲）预备

（一）检查预习：同前。

（二）指示目的：春秋时，有孔子出，及于战国，有绍孔子之道统而与孔子并称者为何人乎？爱书课题于板示之。

（乙）提示

（一）讲第一节：起课首，至"遂成大儒"止。孔子殁于周敬王四十一年，阅百有余年，而有孟子。邹，鲁邑，近圣人之居。孟子少孤，出而求学，旋弃归。时母方织，以刀断机，谕以学业间断，与废机同。孟子惶恐受教，学益力，遂继孔子而成大儒。可见家庭教育，关系至巨也。轲，音珂。邹，今山东邹县。机，纺织器。同前。

（二）讲第二节：起"战国尚功利"，至"讲学以终老焉"止。战国不恤民命，其杀人之惨，至于盈城盈野，皆功利之说误之。孟子学成而后，独提倡民贵之说，以捄其失。仁与义相辅而行，所以维持专尚功利之失；教与养相辅而行，所以维持专尚富强之失。平日持论如此，使当时之君，能用孟子，其图治之效，必非商鞅区区示信所能及。特惜魏惠、齐宣有好贤之名，而无其实。徒令孟子以讲学终，良可叹已。万章、公孙丑，孟子弟子中最优者也。<small>民贵之说，见孟子《尽心篇》。捄，与救同。魏惠王，名罃。齐宣王，名辟疆。同前。</small>

（三）讲第三节：<small>起"与孟子相先后者"，至课末止。</small>即以讲学而论，当时于孟子之外，学派尚多。今举其最有名者：如墨翟，宋人也，主兼爱。杨朱，周人也，主为我。邹衍，齐人也，善谈天。李悝，魏人也，尽地力。许行，楚人也，重并耕。申不害，郑人；韩非，韩人也，皆主刑名。凡此诸子，或在孟子之先，或在孟子之后，皆能如摩空健鹘，飞鸣于七雄之间。惟孟子之学，独宗仲尼，所以翼辅孔教者，见于七篇之书。尊为亚圣，盖谓孟子虽不能称大圣人，亦庶几乎圣之次矣。<small>鸣，鸟声，凡发声皆曰鸣。翼，辅也。亚，次也。同前。</small>

（丙）整理

（一）回讲：<small>同前。</small>

（二）约述：［一］孟子何以能成大儒？［二］孟子何以倡言民贵？［三］交聘者何国之君？［四］与孟子相先后以学名者何人？

（三）联络比较：［一］孟子之不遇于时，视孔子何如？［二］孟子论治，视商鞅何如？［三］万章、公孙丑之贤，是否能及颜、曾？［四］杨、墨诸人之学，是否与老子同派？

（四）思考：［一］魏惠、齐宣何以与孟子宗旨不合？［二］孟子翼孔教，与后世有何关系？

（五）作表：

$$
孟子之\begin{cases} 政策——主仁义，重教养 \\ 事功——翼孔教 \\ 著作——《孟子》七篇 \end{cases}
$$

$$
\text{与孟子相先后者}\begin{cases}\text{墨　翟}\\\text{杨　朱}\\\text{邹　衍}\\\text{李　悝}\\\text{许　行}\\\text{申不害}\\\text{韩　非}\end{cases}
$$

备考

孟子。赵岐云：孟子，鲁公族孟孙之后。邹，鲁县，古邾娄国，帝颛顼之后，亦称邾国。至鲁穆公时，改曰邹。

孟子之母。仉_{音掌}氏。

魏齐交聘。周显王三十三年，孟子至魏。慎靓王二年，孟子去魏适齐。

学宗仲尼。韩愈云：孔子之道，大而能博，门弟子不能遍观而尽识也。故学焉而得其性之所近，其后离散分处诸侯之国，又各以其所能授弟子，源远而末益分。惟孟轲师子思，而子思之学，出于曾子。自孔子没，独孟轲氏之传得其宗，故求观圣人之道者，必自孟子始。

附图：孟子墓，在今山东。

第七　游说之士及四君(二时间)

教材

周人苏秦,与魏人张仪,同习纵横之术,以游说诸侯。苏秦先以连横说秦惠王,不用。乃主约纵,与秦抗,北说燕,燕王从之。使之说赵、韩、魏、齐、楚诸国,约成,苏秦为纵约长。未几,齐、魏先背盟,约遂解。张仪复以连横之说,游说六国,使六国相率事秦。同时苏代、苏厉、公孙衍之徒,亦各逞口辩,为诸侯谋主。惟六国之君,谋私利,忘公敌,卒为秦所灭。同时齐有孟尝君田文,赵有平原君赵胜,魏有信陵君魏无忌,楚有春申君黄歇,均以豪侠养士称,谓之四君。门下食客,各数千人。

要旨

授战国处士概略,俾知战国时纵横之习尚。

预习

笔记:复习第五"战国"后段"七雄之中""秦国大治",及前课。

教授次序

（甲）预备

（一）检查预习：同前。

（二）指示目的：自商鞅变法强秦，六国之君始争养士。士不归秦，则归六国。于是强弱之主因，遂不在诸侯，而在游说之士。中原大势，视战国之初又一变，爰书课题于板指示之。

（乙）提示

（一）讲第一节：起课首，至"以游说诸侯"止。战国以前，初无游说之士也。有鬼谷子者，长于兵家形势之术，谓之纵横，隐居不仕。周人苏秦，魏人张仪，同师事之。后各出其所学，干求①诸侯，以取卿相。天下之士，遂从风而靡焉。故士有游说，自仪、秦始。游说，犹言游谈。说，读作税。纵横，中国形势，南北为纵，东西为横。同前。

（二）讲第二节：起"苏秦先以连横说秦惠王"，至"为纵约长"止。苏秦初游秦，以连横说惠王。连横者，连六国以事秦也，惠王不用。遂改变宗旨，合六国以抗秦，谓之约纵。先说燕与赵从亲，赵王又使秦说韩、魏、齐、楚，皆从之。于是六国会于洹水②之上，约曰：秦攻一国，则五国共援之；一国背约，则共伐之。苏秦遂为纵约长，兼佩六国相印。秦人不敢开函谷关。秦惠王，孝公之子。长，上声。同前。

（三）讲第三节：起"未几"，至"使六国相率事秦"止。其后齐、魏二国，为秦所欺，与秦伐赵。赵王责苏秦，秦乃去赵，旋死。时张仪已相秦，乃游说六国之君，使之西面事秦。于是合纵之约解，而连横之说兴。齐、魏背盟，秦使公孙衍为之也。同前。

---

① 干求：求取，请求。

② 洹（huán）水：位于河南省北部，今名安阳河。

（四）讲第四节：起"同时苏代"，至"为秦所灭"止。仪、秦既以游说显名，于是效其术者，复有苏代、苏厉、公孙衍之徒。其口辩，亦能倾动诸侯，为之谋主。惟是纵人利于六国，而不利于秦；横人利于秦，而不利于六国。使六国之君，能坚守纵约，不为横人所欺，则人人以秦为公敌，秦亦无奈六国何。乃私利是贪，舍纵言横，此六国所以终灭于秦也。苏代、苏厉，皆周人，苏秦弟。公孙衍，魏人。同前。

（五）讲第五节：起"同时齐有孟尝君"，至课末止。田文、赵胜、魏无忌、黄歇，皆六国中善于养士者也。文号孟尝，胜号平原，无忌号信陵，歇号春申，谓之四君，皆以豪侠著名当时。其门下客虽不必尽贤，然亦有才能出众，关系其国之重轻者，故附于游说之后，而并述之。文，齐王庶弟。胜，赵之诸公子。无忌，魏安僖王异母弟。歇，楚顷襄王臣。同前。

（丙）整理

（一）回讲：同前。

（二）约述：［一］苏张持何术游说诸侯？［二］何以谓之约纵？［三］何以谓之连横？［四］苏张之外，为诸侯谋主者何人？［五］六国之灭，是何主因？［六］称为四君者何人？

（三）联络比较：［一］纵横之术，视孔孟学术同否？［二］战国地理形势，何者为纵？何者为横？［三］四君各养士数千人，与孔孟弟子三千，有无同异？

（四）思考：［一］周有苏秦，何以不事周而说六国？［二］魏有张仪，何以不事魏而相秦？［三］使六国坚守纵约，秦人是否能灭六国？［四］四君养士之故安在？

（五）作表：

$$\text{纵横家} \begin{cases} \text{苏秦约纵——约六国以摈秦} \\ \text{张仪连横——连六国以事秦} \end{cases}$$

四君
{
齐孟尝君——田文
赵平原君——赵胜
魏信陵君——魏无忌
楚春申君——黄歇
}

备考

苏秦约纵。初，洛阳人苏秦，说秦以兼天下之术，不用。乃去说燕文公，曰：燕之所以不被兵者，以赵蔽其南也。愿王与赵从亲，则燕必无患。文公从之。资秦车马，以说赵肃侯，曰：当今山东之国，莫强于赵。秦之所害，亦莫如赵。而秦不敢举兵伐赵者，畏韩、魏议①其后也。故为王计，莫如一韩、魏、齐、楚、燕、赵为从亲，以摈秦。令其将相会洹水在今河南安阳县。之上，定约，则秦甲不敢出函谷，关名，在今河南灵宝县。以害山东矣。肃侯大悦，厚赐赍②之，以约于诸侯，韩宣王、魏惠王、齐宣王皆听之。乃说楚威王曰：楚，天下之强国也。故秦之所害，莫如楚。楚之与秦，其势不两立。纵亲，则诸侯割地以事楚；横合，则楚割地以事秦。此两策者，相去远矣。楚王亦许之。于是苏秦为纵约长，并相六国。北报赵，车骑辎重，拟于王者。

齐魏背盟。周显王三十七年，秦使公孙衍，欺齐、魏以伐赵。赵肃侯让苏秦，秦恐，请使燕。必报齐，乃去赵。而纵约皆解。

张仪连横。周赧王四年，秦使张仪说楚、韩、齐、赵、燕，连横以事秦。先是秦相张仪，出而相魏。说魏以连横之利，魏王乃背纵约，而因仪以请成于秦。仪归复相秦，秦使说楚怀王，许之。既而说韩

① 议：谋。

② 赍（lài）：赠送，赐予。

襄王，许之。仪归报秦，封以六邑，号武信君。复使东说齐湣王，赵
武灵王，皆许之。仪北说燕昭王曰：赵已事秦，大王不事秦，秦下甲
驱赵攻燕，则易水长城，非王之有矣。燕王请献五城以和。

第八　秦始皇（一时间）

教材

秦庄襄王灭周，其子政，又并六国，一统中夏，定都咸阳，在今陕西。自号曰始皇帝。废封建之制，以为郡县。南取南粤，在今广东、广

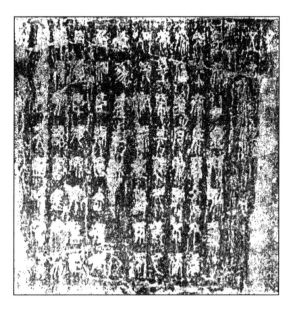

秦始皇琅邪台刻石

西及安南①。北逐匈奴，在今蒙古。筑长城以固边防，威名远播。外人称秦，讹为支那，支那之名，自此始。始皇为治，以愚民为主义，而用法又极严。焚诗书，坑儒士，铸兵器为金人，徙富豪于关内②，禁民偶语③，实行专制之政。传至二世，豪杰并起，而秦以亡。

要旨

授秦始皇概略，俾知战国之后，天下统一于秦。

预习

笔记：复习第五及第七前段。

教授次序

(甲) 预备

（一）检查预习：同前。

（二）指示目的：战国七雄并峙。苏秦约纵，以六国制一秦，其事若易；张仪连横，以一秦制六国，其事似难。然卒不能制秦，何欤？则以秦之势一，六国之势分也。今试述并六国之秦始皇，并书课题于板示之。

(乙) 提示

（一）讲第一节：起课首，至"以为郡县"止。秦王政，庄襄王子也。

---

① 安南：今越南。

② 关内：函谷关以西，咸阳周围地区。

③ 偶语：相聚议论或窃窃私语。

庄襄王初立，灭周。三年而卒。政嗣位，年幼，国事皆决于吕不韦。立十年，始亲政。次第用兵，使内史腾灭韩，王翦灭赵、灭楚，王贲灭魏、灭燕、灭齐。至二十六年，秦遂统一。乃改王号，称始皇帝。以咸阳为帝都。惩周代封建之弊，分国内为三十六郡，以郡统县，而集权于中央。封建之制自此终，郡县之制自此始。庄襄王，名楚，孝文王子。咸阳，今陕西咸阳县。同前。

（二）讲第二节：起"南取南粤"，至"支那之名自此始"止。内地统一，乃事外征。三十三年，略①取南粤地，置桂林、象郡、南海三郡。此始皇之拓地于南也。使蒙恬伐匈奴，收河南地，即今之鄂尔多斯，地名河套者是也。又筑长城，起临洮②，至辽东，延袤③万余里，使匈奴不敢南下。此始皇之拓地于北也。兵威所及，无不震秦之名。今外人称中国为支那，盖起于此。匈奴，属土耳其族。支那，秦之转音，初见于译本佛经。同前。

（三）讲第三节：起"始皇为治"，至课末止。武力可以得天下，而不能治天下，则文治尚焉。所异者始皇统一海内，不以开民智为主义，而以愚民为主义。焚诗书，坑儒士，又继之以严刑峻罚，皆愚民政策之尤者也。铸兵器为金人，示民间不许藏兵也。徙富豪于关内，防谋乱也。禁民偶语，虑其谤己也。实行专制如此，皆促亡之主因耳。及传至二世，陈胜、吴广之徒纷然并起，虽欲不亡，不可得矣。偶语，《史记·秦本纪》注，应劭曰："禁民聚语，畏其谤己。"《正义》："偶，对也。"二世，名胡亥，始皇少子，是为二世皇帝。在位三年，繁刑重役，诛杀任情，天下叛之，为赵高所杀。子婴立，凡四十六日，降汉。同前。

（丙）整理

（一）回讲：同前。

---

① 略：通"掠"，夺取。

② 临洮：今甘肃省临洮县。

③ 延袤：绵亘，绵延伸展。

（二）约述：［一］秦并六国，行如何制度？［二］始皇威名，何以远播？［三］愚民主义，以何者为最甚？

（三）联络比较：［一］郡县之制，视封建同异若何？［二］禁民偶语，与周厉王监谤何如？

（四）思考：［一］六国何以不能灭秦？［二］秦代构焚坑之祸，何以《诗》《书》与儒教，后世犹存？［三］始皇势力如此其大，何以再传而亡？

（五）作表：

秦始皇之事迹 ｛
并六国
称皇帝
废封建，为郡县
取南粤
逐匈奴
筑长城
焚诗书
坑儒士
铸兵器为金人
徙富豪于关内
禁民偶语

备考

秦始皇初并天下，自以为德兼三皇，功过五帝，乃更号曰皇帝。追尊庄襄王为太上皇。制曰：死而以行为谥，是子议父，臣议君也。甚无谓。自今以后，除谥法。朕为始皇帝，后世以数计，二世、三世至千万世，传之无穷。丞相王绾等，言燕、齐、荆地远，请立诸子为王以镇之。廷尉李斯以为不便。始皇曰："天下苦战斗不休，以有侯王。赖宗庙，天下初定，又复立国，是树兵也。而求其宁息，岂不难哉！廷尉议是。"分天下为三十六郡，后平百粤①，又增置闽中、南海、桂林、象郡，为四十郡。郡置守、尉、监。收天下兵，销以为钟，镳（钟鐻、）金人，置宫庭中。徙天下豪杰于咸阳十二万户。李斯又言：今诸生不师今而学古，以非当世，惑乱黔首②。人闻令下，则各以其学议之，入则心非，出则巷议，禁之便。臣请史官非秦记，皆烧之。天下有藏《诗》、《书》、百家语者，皆诣③守尉杂烧之。制曰可。侯生、卢生，相与讥议始皇，因亡去。始皇闻之，大怒曰："诸生或为妖言以乱黔首。"使御史按问之，诸生转相告引，乃自除。犯禁者四百六十余人，皆坑之咸阳。

　　附图：琅邪台石刻。始皇二十八年东巡所立。琅邪，山名，在今山东诸城县。石刻颂功德文，李斯所书。

---

① 百粤：又作"百越"，古代长江以南诸部族的泛称。
② 黔首：平民，百姓。
③ 诣：到，来到。

第九　项羽(一时间)

教材

项羽，名籍，下相_{在今江苏}。人，项梁之犹子①也。力能扛②鼎。少时，书剑皆不愿学，愿学万人敌。于是梁乃教以兵法。乘秦乱，起兵会稽，_{在今浙江}。所至莫与争锋。会刘邦先受秦降，羽嫉之。遂入咸阳，烧秦宫室，裂地分封诸将，自称西楚霸王，而以刘邦王汉中。_{在今陕西}。邦失望，未几起兵攻羽，围之垓下，_{在今安徽}。羽走乌江，_{在今安徽}。自刎而死。

要旨

授项羽概略，俾知楚能亡秦，而徒勇亦不足成大事。

---

①　犹子：侄子，如同儿子。
②　扛(gāng)：举，抬。

预习

笔记：复习前课，令就秦致亡之原因，及亡时之事实求之。

教授次序

（甲）预备

（一）检查预习：同前。

（二）指示目的：秦始皇并六国，实行专制。然天下怨毒已久，思逞①者固大有人焉。试述乘秦乱而起兵之项羽，并书课题于板示之。

（乙）提示

（一）讲第一节：起课首，至"所至莫与争锋"止。梁父项燕，本楚将，为秦将王翦所戮。羽少时，依其叔父梁，尝学书不成，去而学剑，又不成。梁怒之，羽曰："书足以记姓名而已。剑一人敌，不足学，愿学万人敌。"梁乃教羽兵法，又不肯竟其学。然力能扛鼎，才气过人。时陈胜王楚，武臣王赵，刘邦起沛。羽适从梁留吴中，乃杀会稽守起兵应之，屡破秦军，无敢撄其锋者，由是显名中原。下相，今江苏宿迁县地。扛，举也。会稽，秦郡名，包有今江苏东南部，及浙江北部地，治今江苏吴县。同前。

（二）讲第二节：起"会刘邦先受秦降"，至"而以刘邦王汉中"止。秦之围赵也，羽会诸侯兵救之。刘邦遂乘虚入关，攻秦，秦二世〔兄〕子子婴降。羽既解赵围，闻邦已受秦降，心嫉其功，乃由赵引兵，西屠咸

---

① 思逞：指图谋不轨。逞，满足。

阳,杀子婴,烧秦宫室,火三月不灭。废秦制,复行封建,裂地分封。诸将大者为王,小者为侯,自王梁、楚九郡地,为西楚霸王。而以汉中封邦,因三分关中地,以塞汉出兵之路。西楚,都彭城,今江苏铜山县。王汉中之王,读作去声。汉中,秦郡名,治今陕西南郑县。同前。

（三）讲第三节:起"邦失望",至课末止。初,羽与邦等起兵,立楚后为怀王。王与诸将约,先入定关中者王之。至是羽既背约,邦亦失望。会羽立怀王为义帝,旋又弑之。邦遂假讨罪之名,先并关中,会诸侯王之师,起兵攻羽。争战数年,韩信、黥布助之。围羽垓下,羽食尽,溃围出,走乌江。自知大事已去,连杀追骑数人以示勇,然后自杀。西楚遂亡。垓下,今安徽灵璧县地。乌江,今安徽和县城北。刎,武粉切,音吻,以刀自杀曰自刎。同前。

（丙）整理

（一）回讲:同前。

（二）约述:［一］项羽少时状况?［二］项羽因何起兵?［三］羽嫉刘邦何事?［四］羽之结果何如?

（三）联络比较:［一］项燕为楚将,是否战国之楚,抑为春秋之楚?［二］羽烧秦宫室,视秦焚诗书何如?［三］楚汉之争,视战国七雄何如?［四］项羽之亡,视秦之亡何如?

（四）思考:［一］书剑之学,视兵法孰为有用?［二］羽能亡秦,何以不能有天下?

（五）作表:

项羽事迹 {
世为楚将
起兵会稽
入咸阳烧秦宫室
裂地分封诸将
自王西楚
被围垓下
走乌江
}

备考

西楚之兴。初秦始皇坑儒，长子扶苏谏，不听，黜监蒙恬军。及二世立，杀扶苏，百姓多闻其贤，未知其死。项燕，楚良将，与秦战，为王翦所杀。楚人怜之，或以为死，或以为亡。故陈胜起兵，诈称公子扶苏、项燕，以为天下倡，称大楚，旋为二世将章邯所破。胜死，时项羽已从项梁起兵会稽，因其世为楚将，人多附之。梁战死，羽代将其军，威力益振。既屠咸阳，见秦宫室皆以烧残破，遂收其宝货妇女东归。曰：富贵不归故乡，如衣绣夜行，谁知之者。乃舍关中东归，建都彭城，称西楚霸王。

项羽之亡。汉五年，项羽军垓下，汉兵围之数重。羽闻汉军四面皆楚歌，惊曰："汉已尽得楚乎？何楚人之多也！"乃从八百余骑，溃围而出。迷道，陷大泽中。汉兵追及之。羽引而东，乃有二十八骑，汉骑追者数千人，羽自度不得脱。乃分其骑为四队，四向。项王大呼，杀汉兵士数十百人。羽欲东渡，乌江亭长舣①船以待，曰：江东虽小，亦足王也。羽笑曰：天之亡我，我渡何为！乃以马赐亭长，持短兵接战，所杀犹数百人。身亦被十余创，遂自刎而死。

---

① 舣（yǐ）：停船靠岸。

第十 汉高祖 三杰(一时间)

教材

刘邦起兵于沛,在今江苏。亡秦并楚,定都长安,在今陕西。国号曰汉,是为高祖。夏商以来,平民为皇帝,自高祖始。初入关,与父老约法三章,除秦苛法。即位后,过鲁,以太牢祠孔子,开后世帝王尊孔之先声。惟封建之制,与郡县并行,薄于功臣,而厚于亲贵,遂酿七国之乱。方项羽之强,仅有一范增而不能用。高祖则有萧何、张良、韩信,皆能用之。此刘项成败所由分也。何善转饷,良善运筹,信善用兵,号为三杰。

要旨

授汉高祖概略,兼及三杰,俾知汉室所由兴。

预习

笔记:复习前课,令就刘邦与项羽有关系之事研究之。

教授次序

（甲）预备

（一）检查预习：<small>同前。</small>

（二）指示目的：<small>以项羽之雄，所至莫与争锋，而卒为刘邦所败，则邦之所以胜羽，良非无故。爰书课题于板曰：此即刘邦得有天下后之称号也。</small>

（乙）提示

（一）讲第一节：<small>起课首，至"自高祖始"止。</small>刘邦，字季，沛丰邑人也。豁达大度，不事家人生产。初，为泗上亭长。二世末年，沛令欲应陈胜，召邦。邦已集众数百人，令悔，闭城。父老乃率子弟杀令，立邦为沛公，以应诸侯，后竟亡秦并楚，而成帝业。初封汉中，故国号曰汉，高祖，其庙号也。征诛之局，始于汤武，而盛于秦。汤武与秦始皇，其初皆诸侯也。有侯国之凭借，成功尚易。若汉高由平民而起为天子，实自古所未有。<small>沛，今江苏沛县。长安，今陕西长安县。同前。</small>

（二）讲第二节：<small>起"初入关"，至"七国之乱"止。</small>高祖定天下之大计有二：一为与父老约法三章，凡秦苛法悉除之。此入关时所行者也。一为过鲁以太牢亲祀孔子，提倡帝王尊孔，此即位后所行者也。惟秦废封建而行郡县，高祖惩秦孤立①，议封建与郡县并行。海内既定，诛戮功臣，悉封子弟于要地，且定例非刘氏不王。薄于所疏，而厚于所亲。此景帝时七国之变所由来也。是则不能无讥焉。<small>约法三章，杀人者死，伤人及盗抵罪。太牢，牛也。薄于功臣，如杀韩信，杀彭越，诛</small>

---

① 孤立：无宗族、诸侯藩卫。

黥布，皆是。同前。

（三）讲第三节：起"方项羽之强"，至课末止。以楚、汉势力较之，则汉弱而楚强。然羽之谋主，仅一范增，而不能尽其用。若高祖则有萧何、张良、韩信诸人，均为所用。得人者昌，失人者亡，其刘与项之谓乎？何以转饷称，良以运筹称，信以用兵称，皆一时之人杰，汉能兼而有之，其得天下也固宜①。范增，居鄝今安徽巢县。人。萧何，沛丰今江苏丰县。人。张良，其先韩今山西。人。韩信，淮阴今江苏淮阴县。人。同前。

（丙）整理

（一）回讲：同前。

（二）约述：［一］高祖起兵于何处？［二］入关时最要政策？［三］即位后最要政策？［四］三杰何谓？

（三）联络比较：［一］汉高祖得天下，视汤武何如？［二］除秦苛法，视羽烧秦宫室何如？［三］汉三杰，视战国四君何如？

（四）思考：［一］国号何以曰汉？［二］尊孔用意安在？［三］薄待功臣，厚于亲贵，其用意安在？

（五）作表：

$$
汉高祖大事记
\begin{cases}
起兵于沛，亡秦并楚 \\
定都长安 \\
以平民为天子 \\
入关约法三章 \\
即位后以太牢祠孔子 \\
封建之制与郡县并行
\end{cases}
\qquad
三杰
\begin{cases}
萧何——善转饷 \\
张良——善运筹 \\
韩信——善用兵
\end{cases}
$$

---

① 宜：当然，应当。

备考

汉高祖，沛丰邑中阳里人，姓刘氏，父曰太公，母曰刘媪。高祖为人，隆准①而龙颜②，美须髯，仁而爱人，喜施，意豁如③也。常有大度，不事家人生产。及壮，试为吏，为泗水亭长。常游咸阳，纵观秦皇帝，喟然太息曰："嗟乎！大丈夫当如此也。"后由沛起兵，五载而成帝业。在位十二年，寿五十二岁而崩。

七国之乱。汉景帝初即位，晁错言于帝曰：高帝封三庶孽④，分天下半。今吴王不朝，于古法当诛。因劝帝削诸王封地。于是吴王濞、胶西王卬、胶东王雄渠、菑川王贤、济南王辟光、楚王戊、赵王遂，同时反。是为七国之乱。命周亚夫将兵讨平之。

三杰。汉定天下，萧何封酂侯，张良封留侯，韩信初封齐王，徙楚王，降封淮阴侯。高祖曰："运筹帷幄之中，决胜千里之外，吾不如子房，张良字。镇国家，抚百姓，给饷馈，不绝粮道，吾不如萧何。连百万之众，战必胜，攻必取，吾不如韩信。三人皆人杰，吾能用之。此吾所以取天下也，项羽有一范增而不能用，此所以为我擒也。"

---

① 隆准：高鼻。
② 龙颜：眉骨圆突。
③ 豁如：阔达，开通。
④ 三庶孽：同姓诸侯，齐悼惠王刘肥、楚元王刘交、吴王刘濞。

第十一　汉武帝(一时间)

教材

高祖以后，为文帝，景帝，节俭爱民，国库充实，史称"文景之治"。及武帝立，崇信儒术，抱雄才大略。汉初，匈奴寝强，帝命卫青、霍去病等，出师屡破之。又遣使交通西域，征服朝鲜，平定南粤，疆土远辟。余如东瓯、闽粤、西南夷，亦次第荡平。汉族得名，盖由于此。惟帝以频年征伐，又信方士，行封禅，国财日匮，不免为盛德之累。

要旨

授汉武帝概略，并使知汉族得名所自始。

准备

汉疆域图。

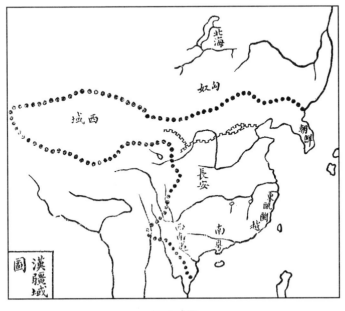

汉疆域图

预习

笔记：绘图。复习第八与第十前段。

教授次序

（甲）预备

（一）检查预习：同前。

（二）指示目的：高祖以武功定天下，未暇与外族争。然汉族威名，远震于外国，何欤？盖汉武帝之功也。爰书课题于板示之。

（乙）提示

（一）讲第一节：起课首，至"抱雄才大略"止。武帝名彻，景帝之子，文帝之孙也。文景在位，尚节俭，民康国富，内治极盛，故史称文景，皆高祖后之令主①也。然文帝好黄老，景帝好申韩②，惟武帝独好儒术。表章六经，罢黜百家，才雄而略大，尤非文景所能及。文帝，名恒，高帝中子，初封代王。惠帝无嗣，吕后崩，大臣迎立之，在位二十二年。景帝，名启，文帝太子，在位十六年。同前。

（二）讲第二节：起"汉初匈奴寖强"，至"盖由于此"止。高祖即位七年，曾为匈奴困于平城，坐是③匈奴益大。文景之世，屡来寇边。武帝以为欲雪国耻，当振国威，故用兵先自北方始，乃命卫青、霍去病等，屡破匈奴，于是漠南无王庭。既而西通西域，东服朝鲜，南平南粤，疆域大辟，远过于秦。又次第征服东瓯、闽粤及西南夷，此皆武帝之武功④也。汉族之名，由是大震。西域，详下课。朝鲜，本我国藩属，今为日本领土。南粤，详本册第八。东瓯、闽粤，今浙江东部，及福建地。西南夷，今四川贵州边地。同前。

（三）讲第三节：起"惟帝以频年征伐"，至课末止。惟是连年用兵，民少休息。信用方士，遂溺于神仙之说。又巡游名山，举行封禅，以致国用困乏。苛敛于民，殊失文景节俭爱民之意。然则武帝虽有武功，于此亦不无可议云。方士，托名神仙之术被宠者。封禅，积土增山曰封，扫地而祭曰禅，古者天子巡狩则为之。武帝元封元年，封泰山。禅，肃然。禅，音膳。同前。

（丙）整理

（一）回讲：同前。

---

① 　令主：贤明的君主。
② 　申韩：申不害、韩非，指法家学说。
③ 　坐是：因是之故，因此。
④ 　武功：军事方面的功绩。

（二）约述：［一］文景之治。［二］武帝之武功。［三］武帝盛德之累何在？［四］汉族因何得名？

（三）联络比较：［一］武帝比文、景有何不同？［二］卫青、霍去病在三杰中可比何人？［三］武帝武功比始皇何如？［四］崇信儒教视高祖何如？

（四）思考：［一］武帝之雄才大略，于何而见？［二］武帝时国财何以日匮？

（五）作表及填注地图：

$$
武帝之武功
\begin{cases}
屡破匈奴 \\
交通西域 \\
征服朝鲜 \\
平定南粤 \\
荡平东瓯、闽粤、西南夷等
\end{cases}
$$

备考

汉武帝在位五十四年，寿七十一岁而崩。帝承文景富庶之业，征服四夷，海内虚耗，末年不免轮台之悔①。如帝之雄才大略，使其不改文景之恭俭，以济斯民，虽诗书所称，何以加焉。卫青，字仲卿，平阳人。武帝朝拜大中大夫。凡七出击匈奴，立大功，威震云中、上谷，封长平侯。霍去病，平阳人，青姊子。武帝朝为嫖姚校尉。凡六出击匈奴，封狼居胥山，禅于姑衍，山名。登临瀚海。封冠军侯，加骠骑大将军。

征服朝鲜。元封二年，朝鲜袭杀辽东都尉，遣杨仆、荀彘将兵伐

————————

① 轮台之悔：汉武帝晚年深悔所行穷兵黩武的政策，放弃西域轮台之地，并下诏罪己。

之。三年朝鲜降，置乐浪、临屯、玄菟、真番四郡。

平定南粤。元鼎六年，命杨仆、路博德平南粤，遂分南粤地，置南海、苍梧、郁林、合浦、交趾、九真、日南、珠崖、儋耳，凡九郡。

东瓯。建元三年，闽粤击东瓯，遣使发兵救之，遂徙其众于江淮间。

闽粤。建元六年，闽粤王郢攻南粤，遣王恢等将兵击之，闽粤人杀郢降。

西南夷。元光元年，通南夷，置犍为郡。通西夷，置一都尉。元鼎六年，平西南夷，置牂牁①、越嶲②、沈黎、汶山、武都五郡。

信方士。帝信方士李少君、公孙卿、少翁、栾大言，使人入海求蓬莱安期生之属。于是燕、齐迂怪之士，竞上书言神仙事矣。

---

① 牂牁(zāng kē)：郡名，汉时设置，位于今贵州省东南。
② 越嶲(xī)：郡名，汉时设置，位于今四川和云南交界地区。

第十二 张骞 苏武(一时间)

教材

汉之西域,即今新疆及葱岭以西也。向未通中国,武帝欲联西域,以制匈奴,使张骞往。道经匈奴,被留。久之,得间亡走西域。历游各国,宣汉威德,记其地形物产,归报武帝。盖距去国时已十三年矣。及骞再奉使,西域内附①,故骞可称中国第一冒险家。同时,苏武北使匈奴,匈奴迫之降,不从。乃囚之窖中,绝其饮食,武啮②毡③与雪并咽之,终不屈。旋徙之北海在今俄领贝加尔湖南岸。上,使牧羊自给。武持汉节牧羊,节旄尽落,历十九年之久,乃归。

要旨

授张骞、苏武概略,俾知出使外国,贵有冒险之才能与忠义之气节。

---

① 内附:归附汉朝。
② 啮:啃,咬。
③ 毡(zhān):毛毯。

准备

前课汉疆域图。

预习

笔记：复习前课关于武功之事并图。

教授次序

（甲）预备

（一）检查预习：同前。

（二）指示目的：武帝之疆土远辟，由卫、霍诸名将之功居多。然效胜疆场，固特将帅之力，至若侦敌情，尊国体，则尤贵使臣之得其人。爰书课题于板示之。

（乙）提示

（一）讲第一节：起课首，至"使张骞往"止。指地图示之曰：此即今之新疆省，及葱岭以西地。在汉时谓之西域。旧服属于匈奴，不与中国通。武帝问匈奴降者，言西域有国名月氏①者，其王为匈奴所杀，国人仇匈奴，恨无与共击之。帝闻此言，于是募使通西域。张骞以郎应募，遂使之。盖以敌攻敌之法也。葱岭，在帕米尔高原之东，为亚洲诸山发脉处。同前。

（二）讲第二节：起"道经匈奴"，至"第一冒险家"止。张骞道出陇

———————————

① 月氏(yuè zhī)：古族名，曾于西域建月氏国。

西,经匈奴中,为匈奴所留十余岁。后得间走入西域,遍历各部,宣布汉之威德,记其道里山川及所出物产,归为武帝言之。犹今日出使者之必有游历日记也。其后再使乌孙,西域各国,皆背匈奴而附中国。骞之不避艰险,卒能成事,洵汉以前所未有。同前。

(三)讲第三节:起"同时苏武北使匈奴",至课末止。苏武北使,亦在武帝时。在匈奴之汉人,有谋劫单于母归汉者,事泄,词连①武,单于怒。武自杀不死。匈奴爱其气节,迫之使降,武不从。因囚武,并绝其食。武啮毡咽雪得不死,匈奴以为神,愈欲降之,武终不屈。乃徙武北海,令之牧羊。指前课附图北海二字示之,告以即汉苏武持节牧羊处。卧起持节,至于节旄尽落,可想见其久矣。后至昭帝即位,与匈奴和亲,武乃得归。盖历时已十有②九年。窖,音教,穴地藏物处。北海,汉时海道未通,而西伯利亚之贝加尔湖,适当匈奴北境,因目为北海。节,古使臣执以持信之物。旄,悬节端,以牛尾为之。同前。

(丙) 整理

(一)回讲:同前。

(二)约述:[一]武帝欲联西域,其意安在?[二]张骞使西域,成绩若何?[三]苏武使匈奴,状况若何?[四]葱岭在帕米尔高原何方?[五]北海在长城何方?

(三)联络比较:[一]张骞、苏武之功,视卫青、霍去病何如?[二]骞、武使才,视子产外交,有无同异?

(四)思考:[一]匈奴留张骞何意?[二]张骞何以能使西域内附?[三]苏武迫降不从何意?

(五)作表:

---

① 连:牵连。
② 有:即"又"。

张骞｝使｛西域——历游各国,宣汉威德——十三年
苏武｝　 ｛匈奴——牧羊北海,持汉节——十九年

备考

张骞,汉中成固今陕西成固县。人。武帝欲通西域,募可使,骞以郎应募。出陇西,今甘肃西部,及内蒙古阿拉善、额济纳二旂①,新疆之哈密镇西诸地,汉初皆为匈奴领土。自武帝伐匈奴,始次第收为汉土。经匈奴中,单于得之,留十余年。得间西走,至大宛。大宛为发驿（译）道抵康居,传至大月氏。居岁余,不得要领,乃还。又为匈奴所得,会匈奴乱,骞乃亡归。出使时百余人,仅二人得归。骞具为武帝言其地形所有,拜太中大夫,时元朔三年也。至元狩元年,再命骞使西域,通滇国。元鼎二年,西域始通内,属者三十六国。骞于元朔六年,从卫青、霍去病伐匈奴,以功封博望侯。

苏武,杜陵今陕西长安县境。人,字子卿。武帝天汉元年,匈奴归汉使者路充国等,于是帝命武送匈奴使北还,以答其意。既至,单于益骄,非汉所望也。会汉人虞常等,谋杀汉降人卫律,而劫单于母归汉。事泄,单于使卫律治之,虞常引苏武副使张胜知其谋。单于怒,欲杀汉使,既而欲降之。使卫律召武受辞,武谓其属曰:"屈节辱命,虽生,何面目归汉?"引刀自刺,气绝,半日复息。单于壮其节,朝夕使人问武,而收系张胜。武寻②愈,会论虞常,欲因此时降武。剑斩常已,欲杀张胜,胜请降。律谓武曰:"副有罪,当相坐。"以剑拟武,武不动。律曰:"君因我降,与君为兄弟,今不听吾言,复欲见吾得

---

① 旂:同"旗"。
② 寻:不久。

乎?"武骂之曰:"汝为降虏于蛮夷,何见汝为?"律还白①单于,单于愈欲降之,乃囚之大窖中。又徙之北海上无人处,使之牧羊。别其官属,各置他所。昭帝始元六年,匈奴有内乱,与汉和亲,乃归苏武。诏以为典属国。武奉使时方壮年,及归,须发皆白。

---

① 白:告。

第十三 东汉光武帝(一时间)

教材

昭帝之后,汉治渐衰。至平帝时,外戚王莽专政。未几,篡汉
自立,改国号曰新。政令反复,乱者四起。汉宗室刘秀起兵讨莽,
大破莽军于昆阳,在今河南。率诸将进攻,莽势日促,为汉兵所杀。
秀即位,是为光武帝。群雄反侧①,次第翦②除,定都洛阳,在今河
南。是为东汉。帝重儒术,励名节,振吏治,总揽大纲,举无过事,故
能光复汉业,躬致太平。后传明帝、章帝,海内乂安③,史称"明章
之治"。

要旨

授光武帝概略,俾知汉室之中兴。

---

① 反侧:不顺服,反叛。
② 翦:灭。
③ 乂安:太平。乂(yì),治理,安定。

预习

笔记：复习第一册第八、第十四关于中兴之事，及本册第十高祖兴汉之事。

教授次序

（甲）预备

（一）检查预习：同前。

（二）指示目的：专制之世，国之治乱，系乎人主之贤否。夏政衰，少康中兴，而夏祚①以延。周政衰，宣王中兴，而周祚以永。汉自武帝后，其盛衰之迹如何？今试述之，并书课题于板，示以此即中兴汉室者。

（乙）提示

（一）讲第一节：起课首，至"乱者四起"止。汉武帝没，子昭帝立。在位未久，昌邑王以昏乱被废。宣帝继立，亦称令主。然视文景之治，则渐衰矣。至哀帝之崩，太皇太后以外戚王莽为大司马。莽既得政，立平帝，旋弑之，而立孺子婴。初始元年，莽自称帝，改汉曰新。变易汉制，法令烦苛，吏缘②为奸，农桑失业。海内豪杰，起而图莽，天下骚然③矣。王莽，字巨君，元帝后弟，曼之子也。同前。

（二）讲第二节：起"汉宗室刘秀"，至"是为东汉"止。刘秀，景帝子长沙王发之后，字文叔，世居南阳。王莽末，与兄缜起兵舂陵。又招新市、平林、下江兵，与之合。遂进围宛。莽使其将王寻、王邑，将兵

---

① 祚：国运。

② 缘：因此，因由。

③ 骚然：动荡。

百万救宛。秀大破之于昆阳。于是海内响应，皆用汉年号。是年九月，破长安，诛莽，传首至宛，新亡。秀以诸将劝进，即帝位。数年之间，平赤眉，降陇蜀，卒成中兴之业。称为东汉，以汉旧都长安，洛阳在其东故也。_{同前。}

（三）讲第三节：_{起"帝重儒术"，至课末止。}帝即位后，起太学，祠孔子，礼处士周党、严光，封旧密令卓茂，以嘉循良①，故东汉儒术、名节、吏治，蒸蒸日上。至其总揽大纲，举无过事，尤深得帝王之度。以此光复汉业，躬致太平，所由来也。殁后，传位明帝，再传章帝。蒙业赉安，天下无事，史称明章。亦犹西汉称文景焉。_{明帝，名庄，光武子。章帝，名炟，明帝子。同前。}

（丙）整理

（一）回讲：_{同前。}

（二）约述：［一］昭帝后汉室何如？［二］王莽篡汉后之结果。［三］东汉建都何处？［四］光武帝之政治。

（三）联络比较：［一］王莽视后羿何如？［二］光武视夏少康何如？［三］汉室东迁，视周室东迁，有无同异？［四］东汉初业，视西汉初业何如？［五］东汉明章，可比西汉何帝？

（四）思考：［一］汉治何故而渐衰？［二］王莽何以能专政？［三］光武何以能复汉业？

（五）作表：

$$
光武中兴
\begin{cases}
讨王莽 \\
除群雄 \\
都洛阳 \\
重儒术 \\
励名节 \\
振吏治
\end{cases}
$$

---

①　循良：奉公守法的官员。

备考

汉光武。初,长沙定王发,生春陵今湖北枣阳县。节侯买,买生郁林太守外,外生钜鹿都尉回,回生南顿令钦,钦生三男:縯、仲、秀。縯慷慨有大节,交结天下雄俊。秀美须眉,隆准日角①。尝受《尚书》,长略通大义,性勤稼穑,縯常非②笑之,比于高祖兄弟。后与縯会诸豪杰起兵讨莽,共立更始将军刘玄为皇帝。莽闻更始立,遣王寻、王邑等发兵御之,号称百万。诸将见兵盛,皆反走入昆阳。秀为图画成败,众曰诺。时城中惟八九千人,秀使王常等守昆阳,夜与李轶等十三骑,收兵于外。寻、邑纵兵围昆阳,积弩乱发,矢下如雨,城中负户而汲。常等乞降,不许。秀至郾、定陵,悉发诸营兵,自将步骑千余,为前锋。莽军遣兵数千合战。秀奔之,斩首数十级。诸将喜曰:"刘将军平生见小敌怯,今见大敌勇,可怪也,且复居前,请助将军。"秀复进,连胜,诸将胆益壮,无不一当百。寻、邑陈乱,汉军乘锐奔之,遂杀寻。城中亦鼓噪③而出,中外势合,震呼动天地。会大风雷,屋瓦皆飞,雨下如注,滍④川盛溢,士卒溺死以万数,水为不流。于是海内豪杰响应,皆杀其牧守,自称将军,用汉年号,以待诏命。秀以积功封萧王。其后更始失众心,王自蓟还中山,诸将请上尊号,乃即位于鄗南,改元建武。

---

① 日角:额骨中部隆起,形状如日,是帝王之相的象征。
② 非:不以为然。
③ 鼓噪:擂鼓呐喊。
④ 滍(zhì):古水名,今河南省鲁山县、叶县境内。

第十四　班超（一时间）

教材

　　自新莽篡汉，国威渐衰。光武平定内乱，未遑攘外，于是西域诸国，复为匈奴所役。明帝时，既遣将伐匈奴，胜之。又使班超往招西域。超至鄯善，在今新疆。其王有意属汉，会匈奴遣使来，遂犹豫不决。超侦知之，率吏士三十六人，击杀匈奴使者。鄯善王恐，请降。西域诸国震其威，复与汉通。超后为西域都护，威名大著，内附者五十余国。同时帝又遣蔡愔等至天竺，在今印度。求得佛经还。中国之有佛教始此。

班超使西域印

要旨

　　授班超概略，俾知汉室中兴，国威再震于西域。

预习

笔记：复习本册第十二，及前课秀即位以下课文。

教授次序

（甲）预备

（一）检查预习：同前。

（二）指示目的：张骞使西域，以才能称。苏武使匈奴，以气节称。然身在虎庭，敌情狡诈，有时才能不足以济变，气节徒足以亡身，则非有勇略不为功。爰书课题于板曰：此即东汉时出使以勇略著者。

（乙）提示

（一）讲第一节：起课首，至"又使班超往招西域"止。王莽末，中国大乱，不暇顾及西域。光武虽光复旧物，未遑远略，此西域各国所以背汉而属匈奴也。匈奴在西汉末年，分为南北二部。明帝时南部内附，北部屡梗化①。因遣窦固②等分道出塞，伐北匈奴，破呼衍王于天山，取伊吾卢地，置宜禾都尉，留兵屯之。固旋，遣假司马班超，通使西域。指附图示之，告以此即超出使时所用之印信也。同前。

（二）讲第二节：起"超至鄯善"，至"内附者五十余国"止。鄯善，初名楼兰。今新疆鄯善县南，罗布泊附近即其地。其王见超至，敬礼甚备，后忽疏懈。超侦知有匈奴使至，故王持两端。斯时汉使势处危险，不

---

① 梗化：顽固，不服从教化。
② 窦固：字孟孙，扶风平陵（今陕西咸阳西北）人。

得不以勇略胜。超因会所从吏士饮,激怒之,至夜共奔虏营,杀匈奴使。诘旦①召王,示以虏首,王惧遂降。西域诸国与汉绝六十余载,至是复通。其后超为都护,西域震其威名,内附者至五十余国。视武帝时地又加辟矣。<small>犹豫,二善,皆进退多疑,人多疑惑者,似之。都护,汉官名,犹今之都护使。五十余国,武帝时,内属者三十六国,哀平间自相分割,为五十五国,明帝时皆内属。同前。</small>

（三）讲第三节：起"同时帝又遣蔡愔等",至课末止。天竺,古称身毒,即今之印度。佛教始祖释迦牟尼所生地。从未与中国通。明帝命蔡愔等至其国,求得佛经,于是佛教遂入中国,而东西交通之路,亦由兹渐启。<small>同前。</small>

（丙）整理

（一）回讲：<small>同前。</small>

（二）约述：［一］王莽时西域诸国,为何国所役？［二］超至鄯善,有何举动？［三］西域五十余国,何以内附？［四］佛教何以入中国？［五］天竺在亚洲何方？

（三）联络比较：［一］明帝攘外之功,视武帝何如？［二］班超宣扬国威,视张骞、苏武何如？［三］佛教视儒教何如？

（四）思考：［一］西域复为匈奴所役,于中国利害若何？［二］班超何以敢击杀匈奴使者乎？［三］鄯善一国请降,何以内附者至五十余国？

（五）作表：

$$
班超之事略\begin{cases}招西域\\杀匈奴使者\\服鄯善\\为西域都护\\内附五十余国\end{cases}
$$

---

① 诘旦：次日早晨。

备考

班超，字仲升，扶风今陕西扶风县。人。明帝永平十六年，窦固出击匈奴，以超为假司马，与从事郭恂俱使西域。超至鄯善，其王广礼敬甚备。后忽疏懈，超谓其官属曰："宁觉广礼意薄乎？此必北使来，彼未知所从故也。"乃召侍胡诈之曰："匈奴使来数日，今安在乎？"侍胡皇恐，具服其状。超乃闭侍胡，悉会其吏士三十六人，与共饮。酒酣，因激怒之曰："吾等俱在绝域①，今虏使到才数日，而广礼敬即废。如令收吾属送匈奴，则将奈何？"皆曰："今在危亡之地，死生从司马。"超曰："今独有因夜以火攻虏使，可尽殄②也。灭此虏，则鄯善破胆矣。"众曰："善。"初夜，超将吏士，往奔虏营。会天大风，超令十人持鼓，伏虏舍后。余人悉持兵弩，夹门而伏。超乃顺风纵火，前后鼓噪。虏众惊乱，斩其使，及从士三十余级，余悉烧死。明日召鄯善王，以虏使首示之。一国震怖，超晓告抚慰，遂纳子为质③。超降于阗，定疏勒，龟兹、焉耆亦先后降附。于是西域五十余国，复通于汉。至和帝时，以超为西域都护，后又封为定远侯。及永元十四年，始归。在西域凡三十一年。

佛教出于印度。初，印度之阿利安族，其人民之阶级分四种：婆罗门掌祭祀，曰僧族。刹帝利掌军政，曰王族。其营农桑业者，曰吠奢，为平民。三者皆阿利安人种也。其限役者，曰戍陀罗，为奴隶，则非阿利安人种。婆罗门对于平民、奴隶，每多苛罚。释迦牟尼译言能仁之义，谓德全道备，堪济万物也。或曰，生于东周庄王时。愤之，大

---

① 绝域：极远之地。
② 尽殄：消灭。殄，绝，尽。
③ 质：人质。

倡平等之说。谓一切众生，不问其为何等种姓，苟能杜邪欲，脱离人世系缚，则皆能受未来幸福。其教遂盛行于印度。明帝使蔡愔至印度，或曰愔等未至天竺，仅至大月支而已。得佛经四十二章，与释迦之像，载以白马，并挟二沙门①归。帝命在洛阳建白马寺，使迦叶腾、竺法兰译佛经，是为佛教入中国之始。

---

① 沙门：出家修行者。

第十五 党锢(一时间)

教材

明、章以后,政柄下移,始而权在外戚,继而权在宦官。当宦官之横也,李膺为司隶校尉,严治之,不少贷①,宦官怨之。会士大夫评论时政,又多指斥宦官。宦官乃诬膺等结党谋叛,四出逮捕。旋赦归,禁锢终身。灵帝立,陈蕃、窦武引用膺等,谋诛宦官。事泄,宦官杀蕃、武及膺等百余人,凡列名党籍者,悉禁锢。人心瓦解,而黄巾之乱作矣。

要旨

授东汉党锢概略,俾知国无贤人,祸乱斯作。

准备

东汉光武帝至灵帝统系表:

———————————

① 贷:宽恕。

光武帝—明帝—章帝—和帝—殇帝—安帝—顺帝—冲帝—质帝—桓帝—灵帝

预习

笔记：依式作统系表。复习本册第八后段，及第十三前段。

教授次序

（甲）预备

（一）检查预习：同前。

（二）指示目的：西汉之亡，由于外戚专权，亦知东汉之所由乱乎？爰书"党锢"二字于板，指示之。

（乙）提示

（一）讲第一节：起课首，至"宦官怨之"止。明、章以前，国之大权，皆操于上。故政治修明，无可疵议。自章帝没，和帝年幼，窦太后临朝，以其兄宪专政，于是外戚之权始盛。及和帝长，畏宪势，与郑众等谋诛宪，于是宦官之权始盛。嗣后戚、宦争权，无代无之。桓帝时，司隶校尉李膺，以宦官专横，主严治，无少宽假。宦官遂恨膺，日伺隙以倾①之。李膺，字元礼，襄城（今河南襄城县）人。司隶校尉，汉官。同前。

（二）讲第二节：起"会士大夫评论时政"，至"谋诛宦官"止。东汉重气节，学校最盛。桓帝时，太学诸生三万余人，郭泰、贾彪为之冠。皆以气节著。与李膺、陈蕃等，声气相通。时政有不便，辄加以评论，而指斥宦官尤力。宦官知不能容，乃以结党谋叛诬膺等。始而

---

① 倾：害，倾轧。

逮捕,继而赦归,终禁锢之。此党锢之狱,所由兴也。及灵帝立,太傅陈蕃、大将军窦武请开党锢之禁,膺等复起用,士气为之一振。于是有谋诛宦官之事。陈蕃,字仲举。窦武,字游平。当桓灵时,与刘淑号为三君。君者,一世所宗也。同前。

（三）讲第三节：起"事泄",至课末止。使蕃、武之谋能遂,尽除宦官,汉治未尝不可复兴。无奈事机不密,转为宦官所杀。膺等百余人咸被戮,而党锢之狱,株连更广。人心离散,不可收拾。于是张角之徒,以左道惑民,蕴蓄十余年,乘机起事。天下响应,是谓黄巾之乱。黄巾,号太平道,起事黄其巾以为识,故号黄巾。时灵帝中平元年也。同前。

（丙）整理

（一）回讲：同前。

（二）约述：〔一〕明章以后汉廷政柄,操于何人?〔二〕党锢之狱因何而起?〔三〕陈蕃、窦武因何而败?

（三）联络比较：〔一〕东汉之乱,比西汉何如?〔二〕党锢之狱,视周厉王监谤何如?〔三〕东汉党祸,视秦始皇坑儒何如?

（四）思考：〔一〕外戚宦官相继执政,其害何如?〔二〕党祸何由而起?〔三〕黄巾之乱何由而作?

（五）作表：

$$
\text{明章以后专政者}\begin{cases}\text{外戚}\\\text{宦官}\end{cases}\qquad\text{党锢中著名者}\begin{cases}\text{李膺}\\\text{陈蕃}\\\text{窦武}\end{cases}
$$

备考

党锢。汉桓帝以其师甘陵今山东清平县。周福为尚书,福同郡人房植,亦有盛名。二家宾客,互相讥揣,遂成尤隙①。于是有甘陵南

————————————

① 尤隙：嫌隙,过节。

北部党人之议。时太学诸生三万人，以贾彪、郭泰为之冠，与李膺、陈蕃等更相褒重。于是中外承风，竞以臧否①相尚，自公卿以下，莫不畏其讥贬。膺等遇②宦官尤严。在官时，于宦官倚势犯法之事，执法不少假借③。宦官深忌之，因告膺等养太学游士，共为部党，诽谤朝廷。于是天子震怒，逮捕党人，布告天下，使同忿④疾。陈蕃力谏，帝愈怒，下膺等狱，连及者二百余人，或逃遁不获，皆悬金购募。后因窦武言，乃赦党人归田里，禁锢终身。然膺等虽废锢，天下士大夫，皆高尚其道，为之称号。有三君、八俊、八顾、八及、八厨等名目。灵帝时，陈、窦用事，举拔膺等。及陈、窦势败，膺等复废。宦官深恶之，遂复钩治党人，凡党人死者百余人，妻子皆徙边。天下豪杰，及儒学有行义者，宦官一切指为党人。有怨隙者，因相陷害，而横被禁锢，及死、废黜者又六七百人，且遇赦不赦。后因黄巾贼起，以宦官吕强言，乃赦之。士气之摧残，至此已极矣。

　　黄巾之乱。灵帝时，钜鹿人张角事黄老，以妖术教授，号太平道。咒⑤符水以疗病，遣弟子游四方，转相诳诱。十余年间，徒众数十万，自青、徐、幽、荆、冀、扬、兖、豫八州之人，莫不毕应。郡县反言角以善道教化，为民所归。未几，角遂起兵，置三十六方；方，将，犹将军也。以黄巾为识，人谓之黄巾贼。旬日之间，天下响应。帝使卢植、皇甫嵩等讨之，角死。其弟宝及梁，皆诛夷⑥。然余众犹蔓延河北一带，不可胜数。至诸镇兵起，乃渐削平。此为人民借宗教作乱之始。

---

① 臧否：褒贬，评价。
② 遇：对待。
③ 假借：宽贷。
④ 忿：怒。
⑤ 咒：巫术口诀，宗教密语。
⑥ 诛夷：诛杀。

第十六　董卓(一时间)

教材

宦官之患既甚，何进、袁绍谋除之，使使召董卓于外。卓未至，谋泄，进遇害，绍遂大诛宦官。卓至，京师大乱，废少帝而立献帝。州郡争起兵讨卓，卓挟献帝西迁长安，专权好杀，人心离怨。司徒王允设计，使其党吕布杀之。曹操乘乱而起，迁帝于许，在今河南。政归曹氏，汉业遂衰。

要旨

授董卓概略，俾知东汉所由衰。

预习

笔记：复习前课。

教授次序

(甲) 预备

（一）检查预习：同前。

（二）指示目的：前言宦官专权，禁锢士大夫，人心瓦解，东汉之乱，至斯而极。爰书"董卓"二字于板，指示之曰：此即以平乱为名而亡东汉者。

(乙) 提示

（一）讲第一节：起课首，至"绍遂大诛宦官"止。灵帝以黄巾贼起，留心戎事，置西园八校尉。以小黄门蹇硕为上军校尉，袁绍、曹操等七校尉属焉。又因讨角功，封宦者十三人为侯，故宦官势益甚。帝崩，少帝辩立，何太后临朝。后兄进，为大将军。收硕斩之，悉领其兵。袁绍者，安之玄孙，世为公卿，以豪侠自雄。劝进诛宦官，且召董卓于河东以为助。宦官张让等闻之，伏兵先杀进。于是绍勒兵入宫，诛宦官二千余人。宦官外戚，至此同归于尽。袁绍，字本初，汝南（今河南汝南县）人。董卓，陇西（今甘肃狄道县）人。同前。

（二）讲第二节：起"卓至"，至"使其党吕布杀之"止。时张让等为绍所迫，挟帝太后及陈留王协遁走，夜宿民舍中。明日，卓至洛阳，与公卿迎帝。帝与卓语，不能了了。卓问陈留王祸乱之由，王答之，无少遗失。卓以为贤，遂废帝为弘农王，而立陈留王，是为献帝。政权悉归于卓。又弑何后。袁绍以议不合，奔冀州，纠四方州郡兵讨之。卓惧，留其党李催①、郭汜②等，屯陕，今河南陕县。以备东方。卓烧洛阳宫室，又发诸帝陵寝，收其珍宝，挟帝西迁长安。凶残益甚，上

---

① 李催（jué）：字稚然，北地人，董卓部将。

② 郭汜（sì）：张掖人，董卓部将。

下离心。司徒王允，阴结卓养子吕布，共谋诛之。元恶始除。<small>王允，字子师，祁(今山西祁县)人。吕布，字奉先，五原(今绥远特别区域五原县)人。同前。</small>

（三）讲第三节：<small>起"曹操乘乱而起"，至课末止。</small>董卓既诛，卓党催、汜又举兵犯阙，杀王允。既而催、汜各治兵相攻，长安大乱。帝自长安还洛阳，时袁绍在邺，其臣沮授，力劝绍迎天子，绍不从。未几，曹操入朝，逼帝迁许，自是政归曹氏。天子守府，而汉亡矣。<small>曹操，字孟德，沛国谯(今安徽亳县)人。许，今河南许昌县。同前。</small>

（丙）整理

（一）回讲：<small>同前。</small>

（二）约述：[一]谋除宦官者何人？[二]董卓何人所召？何人诛之？[三]献帝何以西迁长安？[四]献帝迁许后，汉势何如？

（三）联络比较：[一]何进袁绍，视陈蕃、窦武何如？[二]董卓视王莽何如？[三]献帝西迁，视周平王东迁何如？

（四）思考：[一]何、袁同诛宦官，必召董卓何意？[二]卓何以必欲西迁？[三]曹操视董卓，有无异同？

（五）作表：

$$\text{董卓乱汉始末}\begin{cases}\text{何进召董卓}\\\text{董卓迁献帝}\\\text{王允杀董卓}\end{cases}$$

备考

汉献帝初平元年春正月，关东州郡起兵，讨董卓。奉袁绍为盟主，绍以曹操行奋武将军。三月，卓迁都长安，烧洛阳宫庙，发诸帝陵，车驾西迁。操与卓兵战于荥阳，不克，还屯河内。绍表为东郡太守。既而操据兖州，自称刺史。建安元年秋七月，帝还洛阳，时曹操

在许，谋迎天子。众以为山东未定，未可卒制。荀彧曰："今銮驾①
旋轸②，东京榛芜③。诚因此时，奉主上以从人望，大顺也。秉至公
以服天下，大略也。扶弘义以致英俊，大德也。四方虽有逆节，其何
能为？"操乃将兵诣洛阳。既至，帝以操领司隶校尉，录尚书事。操
旋迁帝于许，自为大将军，封武平侯。

---

① 銮驾：皇帝的车驾。
② 旋轸：还车，返回。
③ 榛芜：荒凉，衰微。

第三册

第一　三国（二时间）

凡一课授二时者，第一时，预备提示；第二时，整理。或提示项下内容丰富，非一时所能授毕，亦可留一二节，并入第二时再授。听教师随时酌量之。下同。

教材

曹操挟天子以令诸侯，豪杰莫与争锋。当时能与操抗衡者，惟刘备、孙权而已。操初攻备，继伐权，赤壁在今湖北。一战，中国遂分为三。操死，子丕篡汉自立，改国号曰魏，都邺，在今河南。是为文帝，而追尊操为武帝。刘备，汉景帝后也。转战江汉间，得荆、在今湖北。益在今四川。及汉中在今陕西。地。闻曹丕篡汉，备亦即帝位，都成都，在今四川。是为蜀汉昭烈帝。孙权袭父兄之业，保有江东，兼及岭南，国号吴，都建业，在今江苏。最后乃即帝位，是为吴大帝。魏、蜀、吴鼎足并峙，史称三国时代。

要旨

授三国概略，俾知东汉之季，中国所由三分。

准备

三国疆域图。

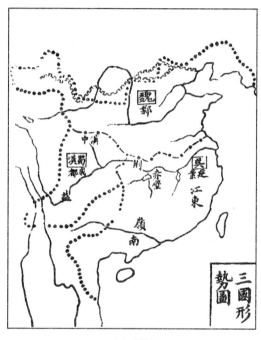

三国形势图

预习

于课前指定下列数事,使先分时自习之。

(一)笔记:摘课中难解字句,录入笔记。

(二)绘图:依本课所示地图摹绘。

(三)复习前课:探揣献帝迁许之后,汉之天下,能统一否。

教授次序

(甲) 预备

(一) 检查预习：令学生各出图簿，教师巡阅。地图，则查其有无不合；不合者使改正之。笔记簿，则查其何处不解。俾教时知所注意。

(二) 指示目的：汉之政柄，甫离宦官，又入权臣之手。权之所集者众必争，争而不已，于是分裂之端肇焉。爰书课题于板，并指地图魏、蜀、吴形势示之。

(乙) 提示

(一) 讲第一节：起课首，至"操为武帝"止。操之专权，与董卓同。其多谋善兵，则胜于卓。海内豪杰，如袁绍、刘表诸人，均非其敌。惟刘备、孙权，独不为之下，遂为操所忌。赤壁之战，孙、刘联兵，大破操军。各依所据地以立国。东汉一统之局，遂分为三。未几，操自为魏王。旋卒，子丕嗣，废献帝而篡其位，建号迁都，是为文帝。操不及身为帝，故武帝之号，为魏人于死后追尊之。赤壁，在今湖北嘉鱼县，西北滨江。丕，操长子，字子桓。篡汉，在献帝建安二十五年，帝废为山阳公。邺，今河南安阳县境。讲毕，指生将本节文字朗读一遍，令诸生开书同听，(如误)教师范读，正其句读。再指生口述大义，(如误)则略述前讲复演之。下同。

(二) 讲第二节：起"刘备"，至"是为蜀汉昭烈帝"止。备字玄德，景帝子中山靖王胜之后也。少有大志，好交结诸豪杰。平黄巾有功。赤壁之战，与孙权共破曹兵，遂据有荆州。后又取益州及汉中，称汉中王。丕既篡汉，备亦称帝。定都成都，置百官，立宗庙，改元章武。三年崩，谥曰昭烈。以立国于蜀，故曰蜀汉。荆，今湖北江陵县。益，今四川成都县。汉中,见二册第九。同上。

（三）讲第三节：起"孙权袭父兄之业",至课末止。权字仲谋,坚之子,策之弟也。建安初年,策已据有吴越之众,三江之固。策没,权领其地,拓土益广,兼及岭南。赤壁战后,国基益固。蜀汉章武二年,始称帝,故曰最后。其后丕再伐吴,皆临江而退。昭烈亦大举伐吴,大败。至是蜀、魏、吴,遂并峙中原,如鼎足然,号曰三国。岭南,今广东省。建业,今江苏江宁县。同上。

（丙）整理

（一）回讲：令生徒将各节文字,或分或合,轮流口述。述时宜将教师已讲演者,略举大概。下同。

（二）约述：使答下列各项,不许开书。〔一〕汉末能与曹操抗衡者何人？〔二〕魏建都何地？〔三〕蜀汉建都何地？〔四〕吴建都何地？

（三）联络比较：〔一〕曹操可比于齐桓公否？〔二〕赤壁在何流域？〔三〕昭烈视光武帝何如？〔四〕孙权视吴王夫差何如？

（四）思考：〔一〕赤壁一战,中国何以三分？〔二〕魏武何以不及身为帝？〔三〕使昭烈不死,能并吴灭魏,光复汉室否？〔四〕吴大帝势力视曹、刘何如？

（五）作表及填注地图：令生徒就本文摘要,分类,试作简表。（如不能作）书左式于板,令仿造载入笔记簿。今将图中应有地名,审定位置填注之。

$$
三国\begin{cases}魏—曹操\\蜀—刘备\\吴—孙权\end{cases}建都地\begin{cases}邺\\成都\\建业\end{cases}
$$

备考

建安初年,曹操专政。刘备与董承等谋诛操,谋泄,备走归袁

绍。操杀董承，急击绍，绍败。备奔汝南，绍又攻之。备奔荆州，依
刘表。表死，子琮降操。备奔江陵，操追击之于当阳，备弃妻子，与
诸葛亮、赵云、张飞等数十骑走。赵云身抱备子禅，适与关羽船会，
遂俱到夏口。操欲自江陵顺流东下。时孙策已卒，弟权代领其众，
兵强势盛。备遣诸葛亮赴吴，说权同破操。权之群臣惧操，多主迎
降。惟周瑜、鲁肃，坚请拒战。权从之。使瑜督率三军，与备共拒
操，战于赤壁。因风纵火，大破之。备亦下荆州诸郡。权表备为荆
州牧，妻以妹，而以荆州借之，与共拒操。于是三国分立之势成。

第二　关羽(一时间)

教材

关羽,字云长,解_{在今山西}。人也。与张飞同事刘备,患难相从,不避艰险。后为曹操所得,礼之甚厚,欲引为己用,终无留意。会袁绍攻操,羽乃立功以报,然后去,操甚义①之。及备既定益州,使羽董督荆州事,羽因攻操军于樊,_{在今湖北}。军威大振,操议徙都以避其锐。孙权忌之,潜师取江陵,_{在今湖北}。虏其士众,羽还,遂为权将所袭杀之。后世钦其忠义,祠宇遍于中国。

要旨

授关羽概略,俾知蜀汉之兴,有此忠义之名将。

准备

关羽肖像。

---

① 义:认为是义举。

预习

笔记：复习前课，并搜求三国以前，有无战败死义，为后人所崇祀者。

教授次序

（甲）预备

（一）检查预习：同前。

（二）指示目的：关羽为吾国著名勇将，声称垂于后世，迄今祠宇，犹遍全国。此非可以幸致也，诸生亦欲知其人乎？爰书课题于板，并指图像示之。

（乙）提示

（一）讲第一节：起课首，至"操甚义之"止。汉末，黄巾乱作。昭烈起兵涿郡，羽自山西来归，与郡人张飞，同事昭烈。分统部曲，患难艰险，靡役不从。既而昭烈为曹操所败，往依袁绍。羽以昭烈妻子均被虏，故亦留曹军。操尊礼甚至。使张辽探其意，羽叹曰：吾受刘将军厚恩，誓以共死，不可背之。当立功以报曹公。会绍遣兵攻操，羽出阵，为斩绍将，围遂解。操表奏献帝，封羽汉寿亭侯。羽尽封其所赐，拜书辞操，往依昭烈于袁军。操不敢阻。可见羽之义气，能使操心折也。解，今山西解县。张飞，字翼德，涿郡（今京兆涿县）人。同前。

（二）讲第二节：起"及备既定益州"，至"以避其锐"止。及昭烈得益州，与诸将经营巴蜀，为根据地。而以荆州为长江重镇，全蜀门户，特驻重兵，使羽董督之，以防吴、魏。时操将曹仁，驻军于樊，羽率众攻之。操益兵助仁,皆为羽败。降于禁,斩庞德,七军尽没,襄樊山中群盗,或遥受羽印号,为之声援。操闻之,至议迁都以避。于是蜀汉军威一振。樊,即樊城,在今襄阳县北,南临汉水。同前。

（三）讲第三节：起"孙权忌之",至课末止。初吴与蜀联和,以争荆州之故,遂生猜忌。至是闻羽破魏,心益嫉之。阴许魏约,使吕蒙潜师取江陵,虏其士众。羽自樊城还,荆州已陷,为吴军所袭,旋被害。功虽不竟,然其忠义之气,百世而下,闻者无不兴起。馨香①俎豆②,非偶然也。江陵,今湖北江陵县,即荆州治。忠义,清乾隆时改谥,羽初谥壮缪。同前。

（丙）整理

（一）回讲：同前。

（二）约述：[一]羽与何人共事刘备? [二]曹操待羽何如? [三]羽在荆州军威如何? [四]羽后为何人所袭?

（三）联络比较：[一]羽之用兵,视项羽如何? [二]羽之守节,视苏武何如? [三]荆州在何流域? [四]后人钦羽忠义,视尊孔何如?

（四）思考：[一]羽始终事刘备,宗旨安在? [二]羽不为操用,操何以义之? [三]荆州与蜀汉之关系? [四]孙权助操袭羽,可为汉之忠臣否?

（五）作表：

$$
关羽事略
\begin{cases}
与张飞同事刘备 \\
为曹操所得不为所用 \\
董督荆州事 \\
攻操军于樊 \\
祠宇遍于中国
\end{cases}
$$

---

① 馨香：用作祭品的黍稷,引申为祭祀、崇奉之意。

② 俎豆：古时祭祀、宴会时盛食物的礼器。

备考

先主收江南诸郡,乃封拜①元勋,以羽为襄阳太守,驻江北。先主西定益州,拜羽董督荆州事。羽闻马超来降,旧非故人。羽书与诸葛亮,问超人才可谁比。亮知羽护前,乃答之曰:"孟起兼资文武,雄烈过人,一世之杰,黥、彭之徒。当与翼德并驱争先,犹未及髯之绝伦逸群也。"羽美须髯,故亮谓之髯。羽大悦。羽尝为流矢所中,贯其左臂。后创虽愈,每至阴雨,骨常疼。医曰:"矢镞有毒,毒入骨。当破臂作创,刮骨去毒,然后此患乃除耳。"羽便伸臂,令医劈之。时羽适请诸将饮食相对,臂血流离,盈于盘器。而羽割炙引酒,言笑自若。建安二十四年,先主为汉中王,拜羽为前将军,假节钺。

---

① 封拜:赐爵授官。

第三　诸葛亮(一时间)

教材

三国人才蔚起,魏有荀彧,吴有周瑜,蜀有诸葛亮,而亮尤著名。亮字孔明,初隐隆中。在今湖北。刘备闻其名,三顾其庐,乃出。时操与权地大兵强,备无寸土,亮佐备联吴破魏,以荆州为根据地,规取益州及汉中。嗣后受遗命辅后主,以兴复汉室为事。先率师南征,免后顾忧,继伐魏,以图中原,师凡六出,魏人惮之。

要旨

授孔明概略,俾知出处光明,实为三国人才之冠。

准备

诸葛亮肖像。

预习

笔记：复习前课，并搜求汉以前名相，值主少国危之际，能负责任者几人。

教授次序

(甲) 预备

（一）检查预习：<small>同前。</small>

（二）指示目的：蜀在三国中，建国最迟，据地亦最小。昭烈既崩，嗣主未必象贤，然厥后四十余年，独能存其国于竞争之世者，皆诸葛亮之功也。爰书课题于板，并指图像示之。

(乙) 提示

（一）讲第一节：<small>起课首，至"三顾其庐乃出"止。</small>三国时，天下虽乱，人才则甚多。如荀彧仕操，而事非其主。周瑜仕吴，而不永其年。惟亮出处正大，功业昭然。故其名视彧、瑜为著。建安初年，亮居隆中，不求闻达。昭烈闻其贤，亲造其居，至于再，至于三，然后出。可见士之才德兼优者，不轻为人所屈也。<small>蔚，草木盛貌。荀彧，字文若，颍川(今河南禹县)人。周瑜，字公瑾，庐江舒(今安徽舒城县)人。同前。</small>

（二）讲第二节：<small>起"时操与权"，至"规取益州及汉中"止。</small>时操权势力甚大。昭烈依附刘表，一无建设。会表死，操又夺其地。既逼昭烈，且因以伐吴。亮因为昭烈使吴，联盟拒魏，破之，是为赤壁之战。昭烈得乘间复取荆州。亮更为画策，西取益州及汉中。于是蜀汉乃能立国，与吴、魏鼎足而三。盖亮在隆中，已预筹及此。<small>同前。</small>

（三）讲第三节：<small>起"嗣〔后〕受遗命"，至课末止。</small>昭烈即位三年崩，诏亮亲受遗命,谆谆以辅相后主为托。于是用人行政,一出于亮。以兴复汉室为己任,南征孟获,七纵七禽之,不敢复反。蜀始无后顾之忧。继而兴师伐魏,讨曹魏篡汉之罪。师凡六出,虽未能规复中原,成昭烈未竟之志,然终亮之世,魏人不敢犯蜀。其声威可想矣。_{同前。}

（丙）整理

（一）回讲：_{同前。}

（二）约述：〔一〕吴、魏有何人才?〔二〕孔明隐居何处?〔三〕亮佐昭烈,有何计画?〔四〕亮辅后主,功业若何?

（三）联络比较：〔一〕三国人才,视战国时何如?〔二〕昭烈三顾诸葛,视汤聘伊尹,有无异同?〔三〕联吴破魏,视约纵拒秦若何?〔四〕孔明辅后主,能比周公辅成王否?

（四）思考：〔一〕孔明何以不仕吴、魏?〔二〕荀彧、周瑜之名,何以不及孔明?〔三〕备无寸土,何以能有全蜀?〔四〕将欲伐魏,先事南征,其意安在?

（五）作表：

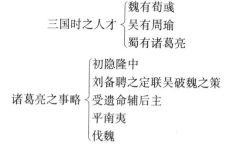

$$
三国时之人才
\begin{cases}
魏有荀彧 \\
吴有周瑜 \\
蜀有诸葛亮
\end{cases}
$$

$$
诸葛亮之事略
\begin{cases}
初隐隆中 \\
刘备聘之定联吴破魏之策 \\
受遗命辅后主 \\
平南夷 \\
伐魏
\end{cases}
$$

备考

亮家于南阳之邓县,地号隆中。_{在今湖北襄阳县西。}躬耕陇亩,好为《梁父吟》①。身长八尺,每自比管仲、乐毅,时人未之许。惟博陵崔州平、颍川徐庶,与亮友,谓为信然。时先主屯新野,徐庶谓先主曰:"诸葛孔明,卧龙也。将军岂愿见之乎?"先主曰:"君与俱来。"庶曰:"此人可就见,不可屈致也。将军宜枉驾顾之。"由是先主遂诣亮,凡三往,乃见。后主建兴三年,亮率众讨雍闿,至南中,所在皆捷。由越巂入,斩雍闿等。孟获素为夷汉所服,收余众拒亮。亮募生致之,既得,使观于营陈间。获曰:"向者不知虚实,故败。今只如此,即易胜耳。"乃纵使更战。七纵七禽,而亮犹遣获。获止不去,曰:"公,天威也。南人不复反矣。"建兴五年春,亮率诸军出屯汉中,以图中原。六年春,亮伐魏,战于街亭。是年冬,亮伐魏,围陈仓。八年秋,魏寇汉中,亮出次成固。九月魏师还。九年春,亮伐魏,围祁山。夏,亮败魏司马懿于卤城,杀其将张郃。十二年春,亮伐魏,作木牛流马运米。是年夏,亮进军渭南,魏司马懿引兵拒守,亮始分兵屯田。八月,亮卒于军。

---

① 《梁父吟》:古代用作葬歌的民间曲调。梁父,泰山下之一山名。

第四　晋武帝(一时间)

司马懿及子昭，相继为魏相，干政专兵，权倾帝室。时蜀势日衰，昭遂举兵灭蜀。昭子炎，篡魏，定都洛阳，是为晋武帝。又举兵平吴，中国复归一统。帝惩汉魏孤立致败，乃分封宗室为王，出镇要区。传子惠帝，愚而懦，其后贾氏专恣，杀太子，弑太后。于是诸王先后举兵，自相攻伐，史称八王之乱。当时士大夫又竞尚清谈，不顾国事。北部杂居之外族刘渊，遂称帝于平阳。在今山西。刘聪、刘曜继起，陷洛阳，破长安，虏怀、愍二帝，弑之。

晋武帝书

要旨

授晋武帝概略，俾知晋代之兴衰。

准备

晋代疆域图。

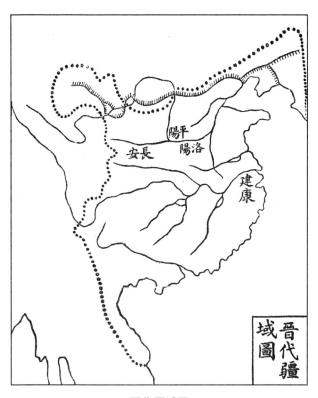

晋代疆域图

预习

笔记：绘图。复习前课，并探揣魏、蜀、吴各据一方，其势能长久不变否。

教授次序

(甲) 预备

(一) 检查预习：同前。

(二) 指示目的：封建不能行于后世，行之，必召分裂之祸。而内乱不已，外寇必从而乘之。八王之争，五胡之乱，诚后世之龟鉴①也。而其事皆由晋武措置之失当。爰书课题于板，并指晋代疆域图示之。

(乙) 提示

(一) 讲第一节：起课首，至"中国复归一统"止。武帝，姓司马名炎，昭之子，懿之孙也。懿、昭皆相魏，行政用兵，悉由己出。蜀为昭灭，昭死，炎遂篡魏，即帝位，都洛阳。以昭封晋王，故以晋为国号。太康元年，大举伐吴，灭之。中国复统一。武帝善草书，本课附列拓本，即帝之手笔也。司马懿，字仲达，河内温县今河南温县。人。昭，字子上。同前。

(二) 讲第二节：起"帝惩汉魏孤立致败"，至"八王之乱"止。武帝封建诸王，鉴于汉魏孤立故也。帝殁，子惠帝愚懦，权在贾后，既杀太子遹，又弑太后杨氏。于是诸王构兵，内乱大作，惠帝被黜，旋又复位。前后共八王，故曰"八王之乱"。此皆武帝贻②谋不善，阶之厉③也。惠帝，名衷，武帝第二子。同前。

(三) 讲第三节：起"当时士大夫"，至课末止。诸王肇乱，使士大夫

---

① 龟鉴：也作龟镜，在此喻指借鉴前事。龟可以卜吉凶，镜可以比美丑。

② 贻：遗留。

③ 阶之厉：祸患的由来。阶，由来；厉，祸患。

能维持国事，晋未尝不可为。无奈王戎身为三公，好读老庄，以清静无为为宗旨。士大夫从而和之，置理乱于不问。于是匈奴刘渊，僭号汉帝，建都平阳。渊死，子聪嗣立，使其将石勒寇晋，陷洛阳，执怀帝以去。晋立愍帝，都长安。聪又使刘曜寇晋，陷长安，执愍帝以去，晋室遂东。平阳，今山西临汾县。怀帝，名炽，武帝第二十五子，在位六年。愍帝，名业，武帝孙，在位四年。同前。

（丙）整理

（一）回讲：同前。

（二）约述：［一］晋武帝祖若父何人？［二］晋统一中国，政策何如？［三］惠帝时何人为乱？［四］惠帝后何人继立？

（三）联络比较：［一］晋武篡魏，视曹丕篡汉何如？［二］晋初封建，视周初封建，有无同异？［三］晋八王与汉七国之比较。［四］洛阳、长安，晋以前为何代建都之地？

（四）思考：［一］使司马氏不篡魏，魏能统一中国否？［二］分封宗室，是否可免孤立？［三］八王与贾后同一乱晋，其罪孰为轻重？［四］外族侵扰中国，负国事之责者当若何？

（五）作表及填注地图：

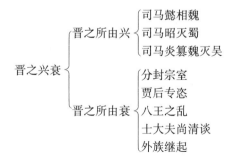

备考

武帝崩,惠帝立。太后(傅)杨骏辅政,贾后欲干政,报汝南王亮,使连兵讨骏,亮未从。后遂与楚王玮,设谋诛骏。骏既死,乃征汝南王亮为太宰,录尚书事。亮颇专恣,贾后又与楚王玮谋杀之,复以矫诏之罪,杀玮。寻又弑杨太后,杀太子遹。于是赵王伦举兵诛贾后,废惠帝而自立。齐王冏说河间王颙、成都王颖,与诛伦。冏以功统国政。长沙王乂,又起兵杀冏而代之。成都王与河间王,又合兵破乂而代之。东海王越,又起兵奉惠帝,逐二王而代之。前后凡八王。

惠帝时王戎为司徒,王衍为尚书令,乐广为河南尹,皆喜清谈,宅①心事外,朝野争慕之。

刘渊,匈奴左贤王豹之子。幼而俊异,及长,文武悉备。武帝时为侍子,在洛阳。豹死,渊代为左部帅。惠帝时,成都王颖,渊表监五部军事,使将兵居邺。惠帝失政,诸王迭相残杀。匈奴种人,遂立刘渊为大单于,国号曰汉。永兴元年,晋将军聂玄讨之,大败。渊遣刘曜寇太原诸郡,皆陷之。永嘉二年,即皇帝位,迁都平阳。四年,渊死,子聪立。命呼延晏、王弥、刘曜南寇。

永嘉五年六月,刘曜、王弥入京师。帝②开华林围(园)门出河阴藕池,欲幸③长安,为曜等所追及。曜等遂焚烧宫庙,逼辱妃后,百官士庶,死者三万余人。帝蒙尘于平阳。刘聪以帝为会稽公。七年春正月,聪大会,使帝着青衣行酒,侍中庾珉号哭,聪恶之。丁未,

---

① 宅:寄。
② 帝:怀帝司马炽。
③ 幸:帝王到达某地。

帝遇弑,年三十。

　　建兴四年八月,刘曜逼京师,内外断绝。十一月,乙未,帝①出降。辛丑,帝蒙尘②于平阳。五年,冬十月,刘聪出猎,令帝行车骑将军,戎服执戟为导,百姓聚而观之。故老或歔欷流涕,聪闻而恶之。后因大会,使帝行酒洗爵。反而更衣,又使帝执盖,晋臣在坐者,多失声而泣。尚书郎辛宾,抱帝恸哭,为聪所害。十二月,戊戌,帝遇弑。年十八。

---

①　帝:愍帝司马业。
②　蒙尘:指帝王失位逃亡在外。

第五　东晋元帝(一时间)

教材

北方失陷,晋宗室琅琊王睿,渡江立国,即位于建康,在今江苏。是为东晋元帝。时中国北部,纷扰特甚,五胡诸国,先后崛起。东晋所有,仅南部耳。孝武帝时,秦苻坚骠强,率师百万南侵。晋将谢玄、谢石等,以八万人拒之淝水,在今安徽。坚败,仅以身免。至是东晋得以偏安,而黄河流域,终未恢复。

要旨

授东晋元帝概略,俾知偏安之局,亦赖武功。

准备

东晋疆域图。

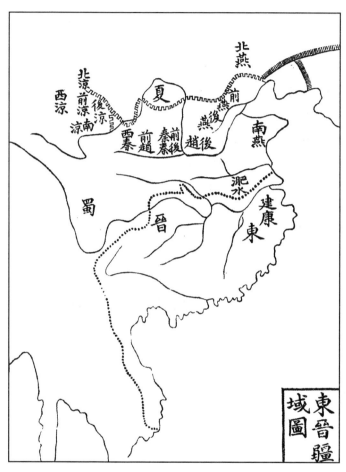

东晋疆域图

预习

　　笔记：绘图。复习前课，探揣外族逼处，中原分裂，晋尚有继起之望否。

教授次序

（甲）预备

（一）检查预习：同前。

（二）指示目的：北方为异族所据，华种偏安于南方，始于东晋。而东晋之所以能自立，实由淝水一战，此历史上关系存亡之大战役也。诸生愿闻之乎？爰书课题于板，并指地图示之。

（乙）提示

（一）讲第一节：起课首，至"是为东晋元帝"止。元帝名睿，懿之曾孙，琅琊恭王觐之子。年十五，嗣王位。怀帝初，以安东将军镇建业。洛阳失陷，晋之世族，多相率渡江，佐王立国。长安不守，始称晋王。愍帝遇害，王乃在所治即帝位，建都焉。史家以建康在旧都之东，故称东晋。琅琊，在今山东临沂县北，懿子伷封地。建康，即建业，以愍帝讳，改业为康，今江苏江宁县。同前。

（二）讲第二节：起"时中国北部"，至"仅南部耳"止。指地图示之，是时黄河流域，及长江上游，诸族崛起。先后建国者：若夏，若赵，若燕，若秦，若凉，若蜀，干戈相寻，纷扰不已。晋所有者，仅长江东南耳。是为外族最强，汉族最弱时代。赵、夏、燕、秦、凉、蜀，详下。同前。

（三）讲第三节：起"孝武帝时"，至课末止。元帝殁后，历八传，至孝武帝。帝名昌明。时秦苻坚，并吞中国北部，势力强大，举众南伐，号称百万。帝命谢玄、谢石等，率师八万，与秦军夹淝水而阵。秦将拟使晋军半渡而后击，麾其兵使却，秦兵误以为败，退不可止。玄等乘势进击，秦兵死者大半，坚奔还长安。晋稍复淮以北地，虽未能恢复黄河流域，然有此一役，北方诸国，遂不敢东窥。苻坚，前秦苻健弟雄之子。谢玄,字幼度。谢石,字石奴,阳夏(今河南太康县)人。淝水,今安徽寿县东北。同前。

(丙) 整理

(一)回讲:同前。

(二)约述:[一]东晋建都何地?[二]元帝时,中国北部,为何国所有?[三]孝武帝时,何人南侵?[四]淝水之战,何人之功?

(三)联络比较:[一]晋之东渡,视周之东迁何如?[二]建康在何流域?[三]谢玄、谢石,可比于卫青、霍去病否?[四]淝水之战,视赤壁之战何如?

(四)思考:[一]西晋之后,使无元帝,中国南部将如何?[二]孝武帝距元帝几传?[三]秦师百万,晋师何以能用少击众?[四]黄河流域何以不能恢复?

(五)作表及填注地图:

$$东晋立国\begin{cases}元帝即位建康\\孝武拒秦淝水\end{cases}$$

备考

晋孝武帝太元八年,秦王坚大举伐晋。将相大臣,皆不欲行,独慕容垂、姚苌劝之,坚意遂决。使弟融督垂等步骑二十七万为前锋,自以大军六十万继之。晋以谢石为征讨大都督,谢玄为前锋都督,帅师八万拒之。秦兵破寿阳,谢玄使刘牢之以轻骑五千趋洛涧,击破秦兵,士气少振。坚登寿阳城,见晋兵步阵严整,又望见八公山草木,皆以为晋兵,始有惧色。秦兵逼淝水而陈,玄使谓融曰:"君悬军深入,而置陈逼水,此乃持久之计,非欲速战者也。若移陈小却,使我兵得渡,以决胜负,不亦善乎?"秦诸将皆曰："我众彼寡，不如遏①之，使不得上，可以万全。"坚曰："但使半渡，我以铁骑蹙②而杀之，蔑③不胜矣。"融亦以为然。遂麾兵使却，秦兵遂退，不可复止。玄等引兵急渡水，击之。融骑而略陈，欲以止退者，马倒，为晋军所杀，秦兵遂败。自相踏藉，死者蔽野塞川。其走者，闻风声鹤唳，皆以为晋兵，昼夜不敢息。初，秦兵小却，朱序在陈后大呼曰："秦兵败矣！"众遂大奔。序因与张天锡来奔，获坚所乘车，及仪服器械，不可胜计，遂取寿阳。

---

① 遏：阻止。
② 蹙：逼近，迫近。
③ 蔑：没有，无。

第六　王导　谢安（二时间）

教材

晋之东也，王、谢二族，倚任尤重。元帝时，以王导为相，导之从兄敦为将，遂开巨室专权之渐。未几，敦据武昌在今湖北。反，导请讨之，不胜，帝忧愤而卒。明帝立，敦旋病死，导始破其军。嗣后重臣谋叛，代不乏人。孝武帝时，桓温督中外诸军，谋篡位。尚书谢安，素负时望，以镇静遇之，温不能逞而死。其时淝水破秦，主用谢玄，亦安之策也。

要旨

授王导、谢安概略，俾知东晋之贤相。

准备

王导、谢安肖像。

预习

笔记：复习前课，探揣东晋立国，朝臣中有无声望最著者。

教授次序

（甲）预备

（一）检查预习：同前。

（二）指示目的：内外相猜，为晋室不能恢复之原因。然其犹未至于灭亡者，则宰相得人之效也。爰书课题于板，并指图像示之，曰此为王导，曰此为谢安，先后相东晋者。

（乙）提示

（一）讲第一节：起课首，至"帝忧愤而卒"止。晋代用人，多尚门第。元帝东渡，洛阳贵族，亦相率东来。王、谢二族，人才最多，故帝室倚任，视他族尤重。元帝时，以王导为相，王敦为将，王氏子弟亦多列显要。时人为之语曰："王与马，共天下。"敦恃功而骄，帝恶之，引刁协、刘隗等为腹心，以分王氏权。导亦见疏。敦意不平，遂举兵反，以诛刁、刘为名，进犯建康。导不党敦，请讨之。帝命刁、刘等出御，皆大败。帝不得已，以敦为相，兼总军政。敦乃杀朝臣之不附己者，还屯武昌。帝不能堪，忧愤卒。王导，字茂弘，临沂（在今山东）人。敦，字处仲。同前。

（二）讲第二节：起"明帝立"，至课末止。元帝卒，子绍立，是为明帝。导奉遗诏辅政，大举讨敦。会敦病死，得破其军。敦乱既平，苏峻之乱又作。峻以讨敦功，官至内史，亦重臣也。成帝初立，庾亮①秉

---

① 庾亮：字元规，颍川鄢陵（今河南鄢陵）人。

政,与峻不协。峻遂反,后温峤、陶侃等平之。其后又有桓温之乱。温于穆帝时曾灭蜀胜秦,后为大司马,都督中外诸军事,遂阴蓄异志。废帝奕而立简文帝,谋篡位,未遂。简文寻崩,孝武继立,温入朝,大陈兵卫,谢安从容说彻①之。后温求九锡,安复缓抑之。故晋室赖以安。淝水之捷,主用玄等,晋室又赖以不亡。史称东晋贤相。安、导齐名,信不诬已。<small>明帝,名绍。桓温,字元子,龙亢(今安徽怀远县境)人。谢安,字安石,谢玄从父。同前。</small>

(丙) 整理

(一)回讲:<small>同前。</small>

(二)约述:〔一〕晋之世族,何姓最著?〔二〕王导从兄何人?〔三〕孝武帝时,何人谋篡位?〔四〕谢安对外之策若何?

(三)联络比较:〔一〕王导可比于管仲否?〔二〕王敦视王莽何如?〔三〕桓温视董卓何如?〔四〕谢安可比于诸葛亮否?

(四)思考:〔一〕巨室专权,欲国不乱得乎?〔二〕导请讨敦,何以不止敦勿反?〔三〕桓温谋篡,使无谢安,晋室能无危否?〔四〕安任用玄、石,何以不谓之专权?

(五)作表:

东晋贤相 { 王导 / 谢安　　东晋叛臣 { 王敦 / 桓温

备考

王导。元帝初即位,中州士民,避乱者多南渡江。导劝帝收礼才俊,与之图事,朝野倾心,时有江左②夷吾之目。及敦反,刘隗、刁

---

① 彻:撤去、撤除。
② 江左:即江东,指长江下游以东地区。

协劝帝尽诛王氏,帝不许。导帅宗族,每旦诣台待罪。周𫖮上表,明导无罪。帝命导还朝服召见之,导稽首曰:"逆臣贼子,何代无之。不意今者近出臣族。"帝跣而执其手曰:"茂弘,方寄卿以百里之命,是何言耶?"以为前锋大都督。明帝太宁二年,导督诸军讨敦,敦复反。秋七月,至江宁,帝亲征,破之。敦死,众溃,其党钱凤、沈充伏诛。

谢安。安少有重名,前后征辟皆不就,寓居会稽,以山水文籍自娱。虽为布衣,时人皆以公辅期之。士大夫至相谓曰:"安石不出,当如苍生何!"

孝武帝初即位,大司马桓温来朝,诏吏部尚书谢安,侍中王坦之,迎于新亭。时都下恟恟①,云欲诛王、谢,因移晋祚。坦之甚惧,安神色不变,曰:"晋祚存亡,决于此行。"温既至,百官拜于道侧。温大陈兵卫,延见朝士。坦之流汗沾衣,倒执手版。安从容就席,谓温曰:"安闻诸侯有道,守在四邻。明公何须壁后置人耶?"温笑曰:"正自不能不尔。"遂命撤之,与安笑语移日。时天子幼弱,外有强臣。安与坦之,尽忠辅卫,卒安晋室。

---

① 恟恟(xiōng xiōng):亦作"汹汹",嘈杂,纷乱。

第七　五胡　十六国(一时间)

教材

中国内地,容留外族,始于汉末,盛于晋初。刘氏,匈奴也。石氏,羯也。慕容,鲜卑也。苻氏,氐也。姚氏,羌也。谓之五胡。自刘氏首先乱华,后遂争相割据。匈奴之国三:曰前赵,曰北凉,曰夏。鲜卑之国五:曰前燕,曰后燕,曰南燕,曰西秦,曰南凉。羯之国一:曰后赵。氐之国三:曰蜀,亦称成。曰前秦,曰后凉。羌之国一:曰后秦。益以汉族之国三:曰前凉,曰西凉,曰北燕。谓之十六国。

要旨

授五胡十六国概略,俾知东晋时中国北方之情状。

准备

东晋五胡十六国疆域图。

预习

笔记：绘图。复习前课，搜求晋以前有无外族分裂中原以建国者。

教授次序

（甲）预备

（一）检查预习：同前。

（二）指示目的：五胡为华种所征服之异族，以未能完全同化，故遂至并起为乱。此可见民族不能同化之害矣。爰书课题于板，并指地图示之。

（乙）提示

（一）讲第一节：起课首，至"盛于晋初"止。汉以前，华戎之界甚严。汉宣帝纳南匈奴呼韩邪，居之亭障①。赵充国迁降羌于金城②。然止许依附边境而不容留于内地。迨至东汉末年，诸族来者日多。晋初犹不绝。遂留而不返，自辽东至陇西一带，往往与汉民杂居。久之渐臻蕃盛，而与汉民不相能。有识之士，早深忧之。此乱华之祸，所由起也。同前。

（二）讲第二节：起"刘氏匈奴也"，至"后遂争相割据"止。晋之外族，杂居西北方者，约有五种。刘氏为匈奴种，石氏为羯种，慕容氏为鲜卑种，苻氏为氐种，姚氏为羌种，是为五胡。自刘氏起而乱华，于是

---

① 亭障：亦作"亭鄣"，古代边塞要地设置的堡垒。

② 金城：今甘肃省兰州市。

诸族效尤,争据晋地。晋之不复西也以此。_{同前。}

（三）讲第三节：起"匈奴之国三",至课末止。五胡之别,既于上节析言之,此节则专详其立国之名。曰汉,刘渊所建,后改称赵,即前赵是也。曰北凉,沮渠蒙逊建。曰夏,赫连勃勃建。此三者匈奴之国也。曰前燕,慕容廆建。曰后燕,慕容垂建。曰南燕,慕容德建。曰西秦,乞伏国仁建。曰南凉,秃发乌孤建。此五者鲜卑之国也。曰后赵,石勒建。羯之国也。曰蜀,亦称后蜀,亦称成,李特建。曰前秦,苻洪建。曰后凉,吕光建。此三者,氐之国也。曰后秦,姚弋仲建。羌之国也。此外曰前凉,张轨建。曰西凉,李暠建。曰北燕,冯跋建。此三者,则为汉族之国。此十六国之大略也。同前。

（丙）整理

（一）回讲：_{同前。}

（二）约述：〔一〕外族容留内地,始于何时？〔二〕何谓五胡？〔三〕首先乱华者何人？〔四〕何谓十六国？

（三）联络比较：〔一〕周秦时代,能容外族居留内地否？〔二〕东汉时代,何以无胡人乱华之祸？〔三〕东晋之十六国,视周之战国何如？

（四）思考：〔一〕胡汉杂居,能不生种族之见否？〔二〕五胡乱华,东晋何以不能讨？〔三〕十六国所据地,在何流域？

（五）作表及填注地图：

五胡 匈奴 羯 鲜卑 氐 羌

备考

五胡。匈奴与羯，于人种学中，属土耳其族。羯，匈奴之别种也。鲜卑，属东胡族。氐与羌，属西藏族。东晋时，汉族操中国主权，故目此数种为五胡。今则此数种人民，均属中国国民之一部，已无复种界之区别矣。

十六国都城考。前赵都长安，<small>今陕西长安县。</small>北凉都张掖，<small>今甘肃张掖县。</small>夏都统万，<small>今陕西怀远县。</small>后赵都襄国，<small>今直隶邢台县。</small>前燕都龙城，<small>今热河特别区域承德县。</small>后燕都中山，<small>今直隶定县。</small>南凉都河西，<small>今甘肃西宁县。</small>南燕都广固，<small>今山东益都县。</small>西秦都陇右，<small>今甘肃皋兰县。</small>前秦都关中，<small>今陕西长安县。</small>蜀都成都，<small>今四川成都县。</small>后凉都凉州，<small>今甘肃武威县。</small>后秦都长安，<small>今陕西长安县。</small>前凉都凉州，<small>今甘肃武威县。</small>西凉都燉煌，<small>今甘肃燉煌县。</small>北燕都和龙。<small>今热河特别区域承德县。</small>

第八 南北朝(一时间)

教材

维①东晋而有南方之地者：曰宋，曰齐，曰梁，曰陈，皆汉族也，是为南朝。北方诸国，并于后魏。旋分东西，既而东魏为北齐所篡，西魏为北周所篡，北周又灭北齐。后魏、北周皆鲜卑族，北齐虽为汉族，而同化于鲜卑，是为北朝。南北对峙，亘一百六十余年。至隋受北周之禅，灭陈，南北始归一统。

要旨

授南北朝概略，俾知五胡乱华之后，南北分治之状况。

准备

南北朝形势图。

---

① 维：发语词。

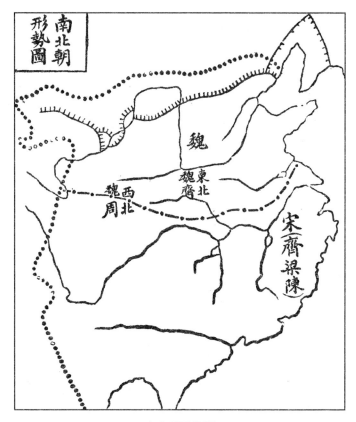

南北朝形势图

预习

笔记：绘图。复习第五后段及前课。

教授次序

（甲）预备

（一）检查预习：同前。

（二）指示目的：自淝水破秦，晋虽不能恢复黄河流域，然已足自立于南方。而北方诸国，亦于是时并合为一。遂呈两大国对立之观。中国之大势，又一变矣。爰书课题于板，并指地图示之曰：此即当日分据之形势也。

（乙）提示

（一）讲第一节：起课首，至"是为南朝"止。东晋之亡也，禅于宋高祖武帝，传八世，而禅于齐高帝，传七世，而梁代之。梁武帝传四世，而陈代之，是为陈武帝。之四朝者，皆汉族，此南朝之统系也。宋武帝刘裕，彭城（今江苏铜山县）人。齐高帝萧道成，南兰陵（今江苏武进县）人。梁武帝萧衍，齐高帝族侄。陈武帝陈霸先，吴兴（今浙江吴兴县）人。同前。

（二）讲第二节：起"北方诸国"，至"是为北朝"止。晋孝武初，秦苻坚曾统一江北。及坚为晋败，江北又数分裂。有拓拔珪者，鲜卑种也，其国初为苻坚所灭，至珪收合部众，据有中原，是为后魏道武帝，遂统一江北。及魏孝武帝时，高欢专国，帝谋诛之，欢引兵至洛阳，帝奔长安，依鲜卑宇文泰，是为西魏。欢立孝静帝，是为东魏。后东魏禅于高洋，是为北齐。西魏禅于宇文觉，是为北周。北周武帝，又并北齐。北齐虽为汉族，然久居北方，亦为鲜卑所化焉。此北朝之统系也。同前。

（三）讲第三节：起"南北对峙"，至课末止。北周武帝，既并北齐，子宣帝立，荒淫无度，传立静帝。鲜卑势益弱，旋禅于隋。统计南北对峙，共一百六十余年。迨隋灭陈，而南方亦统于隋，至是汉族复张，中国混一。同前。

（丙）整理

（一）回讲：同前。

（二）约述：［一］南朝共易几姓？［二］北朝有何分并？［三］南北何时复归统一？

（三）联络比较：［一］南朝所据地，视三国时孙吴孰大？

［二］魏分东西，比三家分晋何如？［三］鲜卑族是否在五胡之内？［四］隋之统一，视秦并六国若何？

（四）思考：［一］南朝何以不能统一北方？［二］后魏时，匈奴、羌、羯、氐诸族安在？［三］南北对峙，以何流域为限？

（五）作表及填注地图：

$$
南北朝\begin{cases}南朝—宋\cdots齐\cdots梁\cdots陈\\[2ex]北朝—后魏\cdots\begin{cases}东魏\cdots北齐\\西魏\cdots北周\end{cases}\end{cases}
$$

备考

东晋以后，南北并立，地丑德齐①，奠（莫）能相尚。故史家以南北朝称之。南朝凡易四姓：宋武刘裕，以篡晋得国，凡八主，六十年，而篡于齐。齐高祖萧道成，为汉相萧何之后，凡七主，二十四年，而篡于梁。梁武帝萧衍，为齐之同族，凡四主，五十六年，而篡于陈。陈武帝霸先，为汉太丘长陈寔之后，凡五主，三十三年，而灭于隋。北朝魏道武帝拓跋珪，自称帝后，传至孝武，凡十一主，一百三十五年，而分为东西。东魏孝静帝，在位十七年，为北齐所篡。西魏自文帝至恭帝，凡三主，二十三年，为北周所篡。北齐文宣帝高洋，为晋玄菟太守高隐之后，凡六主，二十八年，灭于北周。北周孝闵帝宇文觉，为鲜卑之族，传至静帝，凡五主，二十五年，为隋所篡。其时兵力，北强于南，而君主之多昏暴，政治之多乱浊，则南北无异。

---

① 地丑德齐：地相等，德相同，喻指彼此条件一样。

第九　宋武帝　魏孝文帝(一时间)

教材

宋武帝,姓刘,名裕。初仕晋,讨桓玄有功。复率师灭南燕及后秦,入长安,东还受禅,关中之地,得而复失。惟帝处富贵,不忘贫贱,常以微①时耕具,陈于庭,为后世鉴。俭而有制,实为南朝诸君之冠。魏孝文帝者,亦北朝贤君也。姓拓跋氏,名宏。欲以中国文化变其国俗,故自平城在今山西。徙都洛阳,在今河南。禁民胡服胡语,令其族与汉族通婚姻,功臣宗室,悉改汉姓。自是诗书礼乐之教,复盛于北部,而鲜卑亦与中国同化。

要旨

授宋武帝及魏孝文帝概略,俾知南北朝之贤主。

---

① 微:贫贱。

准备

宋武帝肖像。魏孝文帝肖像。

预习

笔记：复习第五、第七及前课。

教授次序

（甲）预备

（一）检查预习：_{同前。}同前。

（二）指示目的：宋武帝为南朝雄主，南朝基业之所由立也。魏孝文帝为北朝贤主，鲜卑与华种所由奏同化之效也。书课题于黑板，并指图像示之，使知此为南北朝时最有关系之君主。

（乙）提示

（一）讲第一节：_{起课首，至"诸君之冠"止。}裕，字德舆，汉楚元王交之后也。晋安帝时，击海寇孙恩有功。桓玄之乱，裕又起兵灭之。遂专晋政。后又灭南燕，灭后秦。裕因急欲受晋禅，东还，留子义真守长安。赫连勃勃入据之，于是关中得而复失。论者惜之。及为帝，以东晋士大夫务为高名，习俗奢靡，崇尚节俭，力矫其弊。微时所用耕作之具，常陈之以示子孙。于是风俗为之一变。其俭素之德如此，故克成大业，光启宋室也。其后齐、梁、陈诸君，皆不能及。_{桓玄，温子，安帝时叛晋称帝。同前。}

（二）讲第二节：_{起"魏孝文帝者"，至课末止。}魏自道武帝开国，传至拓跋宏,凡五世矣。其间如太武帝统一北方,国势虽强盛,然不脱胡俗,制度文物,殊不足观。至宏即位,是为孝文帝,亦北朝诸帝中所不易得者也。孝文见鲜卑风俗之陋,慕中国文物之美,有志改革,而故旧大臣多不欲,特迁都洛阳,以示其改革之决心焉。衣服言语,悉从汉制,此犹其表著①者也。至令胡汉通婚,宗室更姓,则欲并种族之界而泯之矣。盖自五胡之乱,种族竞争之祸日烈,中原之地屡经兵火。至是中国文化,普被于鲜卑。而诗书礼乐之教,复盛于北部。此外族渐归同化之一证也。平城,今山西大同县,魏初都此。同前。

（丙）整理

（一）回讲：同前。

（二）约述：［一］宋武仕晋时,有何武功?［二］即位后,何以为南朝诸君之冠?［三］魏孝文舍平城而都洛阳,宗旨安在?［四］鲜卑何以与中国同化?

（三）联络比较：［一］宋受晋禅,视舜受尧禅何如?［二］宋武微时,既有耕具,是否如伊尹躬耕?［三］魏孝文禁民胡服,视赵武灵王若何?［四］鲜卑既与中国同化,是否知尊孔子?

（四）思考：［一］使宋武不急于伐晋,关中之地,能不失欤?［二］俭可为美德欤?［三］徙都洛阳,视平城形势孰便?［四］中国北部,在前是否有诗书礼乐之教?

（五）作表：

| 宋武帝事迹 | 讨桓玄有功
灭南燕及后秦
受晋禅
俭而有制 | 魏孝文帝事迹 | 自平城徙都洛阳
禁民胡服、胡语
与汉族通婚姻
令功臣宗室改汉姓 |

---

① 表著：显扬昭著。

备考

裕少时,落魄无行,以摴蒲①倾其家。而晋人尚门第,故名流皆不与相知。既破桓玄,遂都督十六州军事,出镇京口。晋安帝五年夏,裕伐南燕,_{慕容超}。大破之,遂围广固。_{南燕都}。六年春,拔广固,执南燕主超,送建康斩之,南燕亡。十三年,裕至潼关,遣王镇恶帅水军自河入渭,大破秦兵,遂入长安,秦主姚泓出降。恭帝二年,裕还建康,称皇帝,废帝为零陵王,改国号宋。

魏道武帝珪,传子明元帝嗣,嗣传太武帝焘,焘传文成帝濬,濬传献文帝弘,弘传孝文帝宏。孝文以平城地寒,六月雨雪,将迁都洛阳。乃佯大举伐齐,率步骑三十万,至洛阳。会霖雨不止,群臣皆谏伐齐。帝曰:“若不南征,当迁都于此。”时旧人虽不欲,无敢言者。遂定都焉。帝改姓元,因令诸功臣旧族,悉改从汉姓。

---

① 摴蒲(chū pú):古代一种博戏,类似掷骰子。

第十 隋文帝 炀帝(一时间)

教材

杨坚,北周外戚也。静帝时,封隋王,寻受禅,即皇帝位,国号曰隋,都长安,是为隋文帝。时南朝陈后主无道,帝遣将灭之,中国复合于一。帝性仁俭,用杨素、高颎等掌朝政,厘订制度,所定官制、兵制、刑制,后为唐所取法。子广,弑父自立,是为炀帝。开国未久,兵力颇强。东下流求,即琉球,今属日本。南征林邑,在今安南。北朝突厥,西通西域,服吐谷浑。在今青海。高丽①轻隋不至,帝起大军,再伐之,惧而乞降。帝性侈肆②,好兴土木,又筑长城,开运河,殚竭民力,民多怨之。后幸江都,在今江苏。遇弑。

要旨

授隋文帝统一南北,兼及炀帝概略,俾知有国家者仁俭则兴,侈肆则亡。

---

① 高丽:又称高句(gōu)丽,在今我国东北地区和朝鲜半岛北部。
② 侈肆:奢侈恣肆。

准备

隋代疆域图。

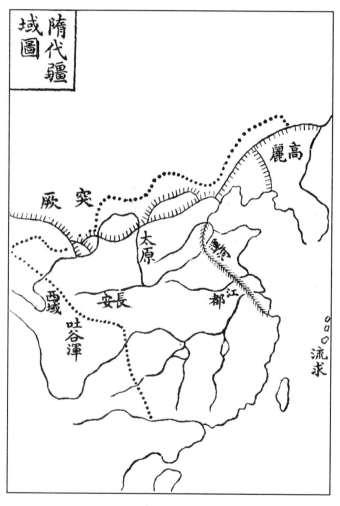

隋代疆域图

预习

笔记：绘图。复习第二册第八及本册第八。

教授次序

（甲）预备

（一）检查预习：同前。

（二）指示目的：南北分立，始于东晋，而迄于隋。为时局一大变。而文帝之恭俭，炀帝之淫侈，亦为历史上所罕有，实有关系之君主也。爰审课题于板曰：今日所授即隋文帝、炀帝之事。

（乙）提示

（一）讲第一节：起课首，至"中国复合于一"止。文帝杨坚，华阴今陕西华阴县。人。父忠，历事魏、周，封隋国公。周宣帝后杨氏，坚之女也。宣帝卒，静帝尚幼，坚以后父辅政，进爵隋王，政权悉归之。旋受周禅，改国号隋。图中长安，其都城也。时南朝历宋、齐、梁三朝而至陈。陈后主荒淫无道，不理国政。隋开皇八年，遣将灭之，南北遂统一焉。陈后主，名叔宝。同前。

（二）讲第二节：起"帝性仁俭"，至"后为唐所取法"止。南北朝之时，兵争不息，民生困苦极矣。而一切制度，多付阙如。隋文既混一中夏，乃能克己爱民，轻减赋税。而所用掌朝政者，如杨素、高颎等，皆极一时之选。如所定官制，则仍依汉魏。兵制，用府兵。刑制，定笞、杖、徒、流、死五等。皆最适时用。后李唐代隋，即取法乎此。杨素，字处道。高颎，字昭玄。皆隋功臣。颎，音景。同前。

（三）讲第三节：起"子广"，至"惧而乞降"止。未几，文帝寝疾，广觊觎帝位,遂弑父自立,史所称为炀帝是也。帝承隋初之盛,兵力颇强。初使朱宽招抚流求,不从,乃遣兵破之。继命刘方经略林邑,又大破之。突厥启明克汗①来朝,帝大悦,遂北巡,幸其帐。命裴矩招谕诸蕃,复巡幸西方,西域朝者二十七国。矩又说铁勒击吐谷浑,其克汗伏允遁去。东西南北无不震慑。惟高丽未服,屡出兵无功。大业九年,自将亲征,高丽乃降。其武功可述者如此。<small>炀帝,文帝第二子,初封晋王。同前。</small>

(四)讲第四节:<small>起"帝性侈肆",至课末止。</small>帝之武功,不下文帝,而性则相反,侈肆二字,即亡国之原因也。兵威远播,以为天下莫敢抗。于是大发丁役,营都城宫殿。增筑长城,起今陕西至山西。开运河,自今直隶直达江浙。殚天下之力,以快一人。巡游不息,天下骚然。被弑江都,乃其自取之也。<small>同前。</small>

(丙)整理

(一)回讲:<small>同前。</small>

(二)约述:[一]文帝何以得国?[二]述文帝之制度。[三]述炀帝之武功。[四]炀帝因何遇弑?

(三)联络比较:[一]文帝视王莽何如?[二]杨素、高颎可比汉三杰否?[三]炀帝之武功可比汉武帝否?[四]炀帝之失德,视秦二世何如?

(四)思考:[一]陈后主何以不能并隋?[二]仁俭可谓帝王之美德欤?[三]炀帝用兵,四方咸服,何以不免灭亡?[四]运河贯今几省?

(五)作表及填注地图:

---

① 克汗:即可汗。

隋文帝事迹 {
受北周禅
都长安
灭陈
统一中国
厘订制度
}

炀帝事迹 {
下流球
征林邑
朝突厥
通西域
服吐谷浑
降高丽
兴土木
筑长城
开运河
幸江都
}

备考

陈后主,宣帝子。宠信佞幸,恣为奢汰①。隋开皇_{文帝年号。}八年,命晋王广等,率师伐陈。陈诸将奏请防御,皆为幸臣所抑。隋师将临江,后主语侍臣曰:"王气在此,彼何为者耶?"仍不为备。明年正月朔,隋将韩擒虎渡采石②,守者皆醉,遂克之。贺若弼又攻克京口,缘江诸戍,望风尽走。及隋师抵建康,陈人始出战,大败。任忠引韩擒虎入宫城,后主匿于景阳宫井中,兵士引出之,后主降,陈亡。

文帝素性节俭,而太子勇颇奢靡,独孤后性妒,而勇又多内宠,由是渐失爱于帝后。晋王广乃矫为节俭,深结帝后左右,誉言日闻。独孤后力劝帝废勇而立广,杨素亦劝之,遂以广为太子。及帝疾笃,广入侍,帝所宠宣华陈夫人,且出更衣,为广所逼,力拒得免。以告帝,帝大怒,曰:"畜生何足付大事! 独孤误我。"命召故太子勇。广惧,令其腹心张衡,入帝寝室,尽遣左右出,须臾帝崩,实被弑也。

大业_{炀帝年号。}十四年,帝在江都,见天下已乱,无心北归,欲保

---

①　奢汰:无节制地挥霍浪费。
②　采石:即采石矶,战略要地,位于今安徽马鞍山市。

江东,乃命治丹阳宫。时从驾者,多关中人,皆思归。郎将司马德戡、裴虔通等,谋亡去,以告宇文智及。智及劝以行大事,乃共推智及兄化及为主,举兵入宫,缢帝于寝殿。

第十一　唐太宗(二时间)

教材

隋末,中原大乱,豪杰并起。太原在今山西。留守李渊,用其子世民策,亦乘势举兵入长安,立炀帝孙侑,旋受其禅,改国号曰唐,是为高祖。世民翦灭群雄,继高祖即位,是为太宗。太宗英明沉毅,内用房玄龄、杜如晦等理国政,宇内太平,史称贞观之治。外遣李勣、李靖诸人,平突厥,收西域,远与大食今阿剌伯国。相交通。东方如新罗、契丹,北方如回纥,西方如吐蕃、印度今英属。及南洋诸国,咸入贡内附。子高宗立,蒙太宗遗业,疆土愈辟。

要旨

授唐太宗概略,俾知唐之所由兴。

准备

唐代疆域图。

唐代疆域图

预习

笔记：绘图。复习前课，探揣炀帝殁后，杨氏子孙能复有中国否？

教授次序

（甲）预备

（一）检查预习：同前。

（二）指示目的：三代以后，言武功文治者，必称汉唐。唐之武功文治，极盛于太宗之时，实中国历史上最有关系之时代也。爱书课题于板，并指地图示之。

（乙）提示

（一）讲第一节：起课首，至"豪杰并起"止。炀帝大业九年，杨素之子玄感，首先作乱。举事一月而败。十二年，翟让起兵于河南，推李密为主，称魏公。窦建德据河北，称夏王。林士弘据鄱阳，称楚帝。萧铣江陵，称梁帝。余如李子通、杜伏威、刘武周、梁师都等，亦各据郡反。宇文化及既弑炀帝，引兵趋东都，止于魏县，自称许帝。隋越王侗即位于东都，王世充废之而自立，称郑帝。此皆隋末之乱事也。同前。

（二）讲第二节：起"太原留守李渊"，至"是为太宗"止。李渊初仕隋，袭爵唐公，为太原留守。乘隋之乱，进克长安，立炀帝孙代王侑为帝。越一年，侑禅于渊，改国号唐，史称唐高祖者是也。高祖起兵，其主动皆由于其子世民。后削平群雄，亦皆世民之力。唐之得天下，高祖不过受成而已。世民功名既盛，将士归心，故未几立为太子，而禅位焉。称为太宗，有由来也。太原，今山西阳曲县。同前。

（三）讲第三节：起"太宗英明沉毅"，至"史称贞观之治"止。英明所以驭群材，沉毅所以定大事。太宗兼而有之，故能以武功得天下，而以文德致太平。房、杜皆王佐才。房善谋，杜善断，太宗任以为相，是以贞观之治，媲隆三代云。房玄龄，名乔，临淄（今山东临淄县）人。杜如晦，字克明，京兆（今陕西长安县）人。同前。

（四）讲第四节：起"外遣李勣、李靖诸人"，至课末止。内治既定，乃事外征。勣、靖诸人，皆一时名将，太宗任以征伐，东西南朔①，皆为声威之所被。传至高宗，遂平西突厥，灭百济，降高句丽，败日本，幅员之大，超越秦汉。外族遂有"天可汗"之称。又有唐人之目，实为中国全盛时代也。李勣，本徐姓，以功赐姓李，曹州（今山东曹县）人。李靖，本名药师，三原（今陕西三原县）人。高宗，名治，太宗第九子。同前。

————————

① 朔：北方。

（丙）整理

（一）回讲：_{同前。}同前。

（二）约述：［一］隋末中原状况。［二］李渊起兵何地？主谋何人？［三］唐高祖受何人之禅？［四］太宗即位，用何人为相？［五］太宗文治若何？［六］太宗外征，兵力所及者何地？［七］继太宗而立者何人？

（三）联络比较：［一］唐受隋禅，视隋受周禅有无同异？［二］太宗远略，视汉武帝若何？［三］贞观之治，可比于汉之文景否？［四］勣、靖为将，可比于卫青、霍去病否？［五］唐代疆域，视隋代孰广孰狭？

（四）思考：［一］豪杰叛隋，隋何以不能讨？［二］高祖起兵太原，先入长安何意？［三］使高祖不用太宗之策，能继隋而有天下否？［四］房、杜皆一时人杰，何以愿为太宗用？［五］突厥、西域、大食、新罗、契丹、回纥、吐蕃诸名称，当今何地？［六］印度及南洋诸国，唐以前是否归附中国？

（五）作表及填注地图：

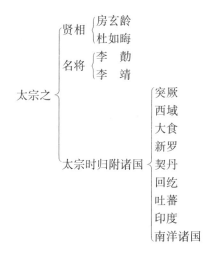

备考

李渊,西凉王暠之后也,世仕西魏,周隋为太原留守。次子世民,识量过人,见隋室方乱,阴有安天下之志。大业十三年,突厥寇马邑,渊遣人拒之,不利,恐见罪。世民乃乘间说渊,以顺民心,起义兵。渊犹豫未决。炀帝以渊不能拒寇,将执诣江都,渊大惧。既而刘武周据汾阳宫,渊乃声称击寇,大集兵,杀副留守王威,遂使世民击西河郡,克之。进克长安,立炀帝孙代王侑为帝。明年,侑禅于渊,是为唐高祖神尧皇帝。

高祖既定天下,立长子建成为太子,元吉为齐王,世民为秦王。世民功名既盛,得将士心。建成忌之,与元吉合谋,欲害世民。世民不得已,乃伏兵玄武门,杀建成、元吉。高祖以世民为太子,寻禅位焉。

贞观三年,以李靖为定襄道行军总管,统诸军讨突厥,李勣、柴绍等为诸道总管。四年,靖破突厥于阴山,颉利可汗遁去,副总管张宝相擒之。突厥遂亡。

贞观二十一年,以阿史那社尔为总管,率兵伐龟兹,拔其都,擒其王布失毕,得七百余城,西域遂平。

谟罕默德教徒,建大食国于阿剌比亚,震唐威名,遣使与唐通好。

新罗在朝鲜东南,入贡于唐,在贞观五年。

契丹为通古斯族,南朝之初,其部众以潢河附近为根据地,占内蒙古东部一带,隋唐时常属于中国。

回纥在外蒙古西北,贞观二十一年,回纥诸部,来朝请吏。

吐蕃,在西藏。贞观八年,吐蕃遣使入贡。

印度,即天竺,贞观二十二年,遣王玄使天竺,因袭击之,执其王以归。又占婆,今安南南部。真腊,今柬埔寨。扶南,今暹罗①。阇婆今爪哇。诸国皆来贡献。

初,西突厥在今土耳其斯坦。阿史那贺鲁,自称沙钵罗可汗,叛唐。高宗显庆二年,命薛仁贵等讨擒之。

五年,遣苏定方等率水陆十万,自山东成山济海,与新罗王共击百济,在今朝鲜西部。降之。百济故将福信,求援于日本,唐将刘仁轨,大破日本兵于白石江。百济遂亡。唐兵近逼高句丽,李勣围平壤,其王高藏降,高句丽亦亡。时高宗总章元年也。

---

① 暹罗:即泰国。

第十二　唐玄宗（一时间）

教材

高宗之殁，武后临朝，废中宗而自称皇帝。及中宗复位，韦后又乱政，中宗被弑。睿宗立，由子隆基，讨平韦氏之功，旋禅位隆基，是为玄宗。初用姚崇、宋璟、张九龄诸贤相，开元之治，比于贞观。晚年耽于逸乐，宠贵妃杨氏，相李林甫，武备不修，卒启安禄山之叛。

要旨

授唐玄宗概略，俾知有国家者，起于忧患则兴，溺于安乐则乱。

准备

唐玄宗肖像。唐自高祖至玄宗世系表。

高祖李渊—太宗世民—高宗治—{中宗哲
睿宗旦—玄宗隆基

预习

笔记：制表。复习前课，探揣高宗以后，能常保全盛之业否。

教授次序

（甲）预备

（一）检查预习：同前。

（二）指示目的：高宗席太宗之业，玄宗致开元之治，而皆以耽于女色致败。可见为国家者召乱易而图治难。爰书课题于板，并指图表示之。

（乙）提示

（一）讲第一节：起课首，至"是为玄宗"止。玄宗，名隆基，睿宗之子，高宗之孙也。高宗即位数年，多疾，朝政决于武后。高宗崩，中宗哲立，旋废之为庐陵王。立豫王旦为嗣，武后自称则天皇帝，改国号周。后赖大臣张柬之等，乘后寝疾，勒兵诛其党，迎中宗复位，反周为唐。后亦旋死。中宗后韦氏，其才不及武后，而擅权相等，且弑中宗而自摄政。于是隆基举兵斩之，迎立相王，是为睿宗。在位三年，传位隆基，自是政权复归李氏。中宗，初名显，更名哲，高宗太子。睿宗，中宗弟。同前。

（二）讲第二节：起"初用"，至"比于贞观"止。平韦氏之乱，使唐室危而复安，玄宗之力也。既即位，改元开元。开元之治，号称太平，比于贞观。盖以其能用姚、宋及张九龄诸贤相故也。姚崇，字元之，峡（硖）石（今河南陕县）人。宋璟，字广平，南和（今直隶南和县）人。张九龄，字子寿，曲江（今广东曲江县）人。同前。

（三）讲第三节：起"晚年耽于逸乐"，至课末止。唐经武、韦干政，虽颇扰乱，然事关宫庭，无与军国，故开元更化，宇内又安。洎①玄宗晚年，改元天宝。天宝之治，与开元时判然不同。以其内宠杨妃，外用李林甫诸小人故也。承平日久，民间不识兵革，而禄山遂称兵扰乱中原。即谓玄宗有以启之也可。贵妃杨氏，初为玄宗子寿王瑁妃。李林甫，唐宗室。同前。

（丙）整理

（一）回讲：同前。

（二）约述：［一］高宗后，相继干政者何人？［二］玄宗受何人之禅？［三］开元之治，何以称盛？［四］玄宗晚年，何以致乱？

（三）联络比较：［一］中宗复位，视太甲复位，有无异同？［二］玄宗受禅，视太宗受禅何如？［三］姚、宋作相，能比于房、杜否？［四］玄宗宠杨贵妃，视周幽王宠褒姒何如？

（四）思考：［一］母后临朝，可谓国家幸事否？［二］韦氏之乱，使无玄宗，唐室情状当若何？［三］宰相之贤奸，何以关于国家之治乱？［四］玄宗目睹武、韦之乱，何以晚年宠幸杨妃？

（五）作表：

$$玄宗 \begin{cases} 初政之善—用姚崇、宋璟、张九龄 \\ 晚年之失—宠贵妃杨氏，相李林甫 \end{cases}$$

备考

武氏初为太宗才人，太宗崩，出为尼，高宗纳之后宫。旋废王后而立武氏为后，大臣切谏，多贬死。而高宗多疾，百司奏事，后裁决

---

① 洎（jì）：及，到。

皆称旨，自是遂专政。高宗崩，中宗立。越二月，武氏废之为庐陵王，迁居房州。今湖北房县。立豫王旦，居别殿，不得有所预。嗣圣七年，武后自称皇帝，改国号周，立武氏七庙，诸武皆封王。又欲立武承嗣为太子，赖狄仁杰之谏，是以不果。中宗神龙元年，张柬之、崔玄暐、桓彦范等，乘武后寝疾，举兵迎中宗于东宫，斩关入玄武门，杀张易之、张昌宗于庑下，中宗乃复位。后亦旋死，年八十二，计其篡唐，凡十六年，古所未有也。

中宗在房州时，与韦后同艰苦，故复位后纵任之，后遂专政。已而与武氏侄三思通，因进毒弑中宗，而立中宗幼子温王重茂，自为太后摄政，一如武氏为太后时，将复危唐室。隆基与刘幽求等谋，率兵入宫，斩韦氏及其党，废温王，拥立睿宗。睿宗因以隆基为太子，在位三年，自称太上皇，传位太子，是为玄宗。

崇与璟先后当国，崇善应变成务，璟善守法持正，二人志操不同，然协心辅佐，百姓庶富。唐世贤相，前称房、杜，后称姚、宋。玄宗千秋节，群臣皆献宝玩，张九龄乃述前世兴废之源，为书五卷，谓之《千秋金鉴录》，以伸讽谕。尝抑李林甫，反被所挤罢相。又识禄山必为唐患。后禄山叛，上思九龄先见之明。

杨贵妃，初为寿王妃，玄宗见而悦之。乃为寿王别娶，令妃自乞为女冠①，号太真，潜纳之宫中，宠遇无比，举族皆显贵，玄宗自是不早朝。

李林甫好以甘言啖人，而阴中伤之，世谓林甫口有蜜，腹有剑。在朝十九年，专政自恣，养成天下之乱。

---

① 女冠：女道士。

第十三　安禄山(一时间)

教材

安禄山,胡人,为节度使,兼三镇,居范阳。在今京兆。与杨国忠有隙,举兵反,陷长安,帝出奔蜀。时黄河南北,遍地皆贼。惟颜杲卿守常山,在今直隶。颜真卿守平原,在今山东。张巡守睢阳,在今河南。忠勇独著。既而禄山为其子庆绪所杀,史思明又杀庆绪而代之。及思明亡,大乱始平,时在代宗之初矣。

要旨

授安禄山概略,俾知玄宗时,中原扰乱之情状。

准备

唐代疆域图。

预习

笔记：绘图。复习本册第四刘渊称帝以下一段及前课。

教授次序

（甲）预备

（一）检查预习：<small>同前。</small>

（二）指示目的：<small>兵权偏重而政治不修者，往往易以召乱。而禄山以胡人乱天下者，尤借材异族不能善用之龟鉴也。爱书课题于板，并指地图示之。</small>

（乙）提示

（一）讲第一节：<small>起课首，至"帝出奔蜀"止。</small>禄山本营州杂胡，初隶唐将张守珪军，失律当诛，送之京师，玄宗释而用之。禄山善事帝左右，为之延誉，帝遂以为平卢节度使，兼范阳河东，封东平郡王。宠信无比。时李林甫死，杨国忠为相，与禄山争宠，极不相能[①]。禄山遂以诛国忠为名，自范阳举兵，进陷长安，自称大燕皇帝，玄宗幸蜀以避之。<small>节度使，唐官名，军民兼治。三镇，平卢治营州（今热河特别区域朝阳县），范阳治幽州（今京兆），河东治太原（今山西阳曲县）。 杨国忠，杨贵妃族兄。同前。</small>

（二）讲第二节：<small>起"时黄河南北"，至"忠勇独著"止。</small>禄山入长安，其势力遂遍及黄河流域，诸郡皆望风而靡。其郡守中以忠勇著者，惟常山颜杲卿，骂贼死。平原颜真卿，倡义勤王。睢阳张巡，保障江淮，使贼不得南下。唐之军事，始有转机。<small>常山，今直隶正定县西南。平</small>

<small>① 能：和睦。</small>

原,今山东平原县。睢阳,今河南商丘县。同前。

（三）讲第三节：起"既而禄山为其子庆绪所杀",至课末止。玄宗幸蜀,称太上皇,而以讨乱事付肃宗。未几,禄山为其子庆绪所杀。史思明又杀庆绪而代其位,仍号大燕。思明者,亦营州杂胡,佐禄山起事,其骁勇善战,过于禄山。故史称安史之乱。肃宗末年,思明为其子朝义所杀,贼势渐衰,至代宗初年,乱始平。代宗名豫,肃宗太子,玄宗之孙。同前。

（丙）整理

（一）回讲：同前。

（二）约述：[一]禄山之反,何人激成？[二]唐郡守以忠勇著者何人？[三]禄山为何人所杀？[四]继禄山作乱者何人？

（三）联络比较：[一]安禄山可方于刘渊否？[二]玄宗奔蜀,视周平王东迁若何？[三]颜、张诸人,坚守诸郡,视苏武守节若何？[四]史思明可方于石勒否？

（四）思考：[一]三镇为唐边重地,何以使胡人兼之？[二]禄山举兵,玄宗何以不讨？[三]常山、平原、睢阳,在何流域？[四]代宗何人之子？

（五）作表及填注地图：

$$
\text{唐郡守之能拒安禄山者}
\begin{cases}
\text{常山—颜杲卿} \\
\text{平原—颜真卿} \\
\text{睢阳—张　巡}
\end{cases}
$$

备考

安禄山,本姓康,其母再适安氏,遂冒姓。以骁勇闻,性巧黠,善事人。初为平卢军节度使,上左右至者,禄山厚赂之,誉言日闻,上以为贤，遂使兼领三镇。禄山入朝，见武备废弛，有轻中国意，阴蓄异志。以上待之厚，未遽发。杨国忠与禄山有隙，屡言禄山必反，禄山惧祸及，遂反于范阳，时天宝十四载也。

禄山陷潼关，京师震骇，国忠首进幸蜀之谋，上仓皇出走。次马嵬驿，有吐蕃使者二十余人，遮国忠马，诉以无食。军士遽呼国忠与胡虏谋反，执而杀之。上闻变，亲出慰谕，军士犹不退。将军陈玄礼曰："国忠谋反，贵妃不宜供奉。"上不得已，赐贵妃死。明日将发，民遮马留之，乃命太子慰抚，上遂幸蜀。太子不得已，乃入朔方。^{节度使所治地，曰灵州，今甘肃灵武县。}既而至灵武，群下劝进，遂即位，是为肃宗，尊帝为太上皇。禄山闻上西幸，入长安，僭伪号。

颜杲卿，字昕之，为常山太守。禄山反，杲卿举兵讨贼，以守具未备，为贼所执。禄山曰："吾擢汝为太守，何所负而叛？"杲卿嗔目骂曰："我为国讨贼，恨不斩汝，何谓叛也。"詈[1]不绝口。贼钩断其舌，杲卿遂死。

颜真卿，字清臣，为平原太守。禄山反，独倡义讨之。玄宗叹曰："河北二十四郡，无一人忠臣耶？"及闻真卿讨贼，曰："朕不识真卿作何状，乃能如是。"禄山取洛阳，分遣其党尹子奇南下。张巡与许远，固守睢阳，以当其冲。江淮得以保全，唐之运输贡赋，赖以不绝，皆二人之功也。至是力竭城陷，皆死之。

禄山为其子庆绪所弑，肃宗自灵武幸凤翔，以广平王俶为元帅，郭子仪副之，得回纥之助，遂复两京。上皇亦自成都还。安庆绪走保邺，官军围之，贼党史思明来救，诸军溃。思明既胜，乃杀庆绪而自立。既而思明为子朝义所杀。朝义庸懦，诸将解体，遂为唐军所灭。前后凡八年，始平。

---

① 詈（lì）：骂，责骂。

第十四 郭子仪(一时间)

教材

当安禄山猖獗时,玄宗传位肃宗,命郭子仪、李光弼等率师讨贼,收复两京,洛阳、长安。而子仪勋名尤著。有回纥①者,唐尝假其兵力,以平乱,遂有轻唐之意。代宗时,讹传子仪死,遂引吐蕃入寇。子仪亲率数骑,往其营,宣唐威德,责以失信,免胄劳军,回纥皆下马罗拜。子仪因与约,合击吐蕃。吐蕃闻之,遁,遂大破之。

要旨

授郭子仪概略,俾知唐中兴之名将。

准备

郭子仪肖像。

---

① 回纥(hé):我国古代西北少数民族,后亦称回鹘。

预习

笔记：复习前课，探揣大乱敉①平，实赖何人之力。

教授次序

（甲）预备

（一）检查预习：同前。

（二）指示目的：唐室再造，功由郭、李，而子仪勋节尤著，实可模范之军人也。回纥、吐蕃之乱，尤足为借外兵平内寇者之殷鉴。爰书课题于板，并指图像示之。

（乙）提示

（一）讲第一节：起课首，〔至"而子仪勋名尤著"止。子仪，华州郑 今陕西华县。人。素称忠勇，得将士心。方安氏起兵，玄宗命子仪为朔方节度使，收复河北一带，屡挫贼锋。肃宗即位灵武，子仪首率重兵至，军威始盛，诸道闻之，皆来勤王。子仪乃与李光弼等，并朔方兵及回纥之众，东取西京，复进取东京，使安史之乱，次第悉平。故论肃代诸将，当以子仪称首。猖獗，贼势盛貌。肃宗，名亨，玄宗太子。李光弼，柳州（今热河特别区城凌源县）人，与子仪齐名，时称李郭。同前。

（二）讲第二节：起"有回纥者"，至"遂引吐蕃入寇"止。回纥素与唐和亲。两京之复也，曾假其兵力，遂恃功而骄，渐轻唐室。然畏服子仪，不敢发。肃宗崩，代宗嗣位，会唐将仆固怀恩②叛，讹言子仪已

---

① 敉（mǐ）：安抚，安定。

② 仆固怀恩：铁勒族仆骨部人。

死。回纥信之，遂附怀恩，并引吐蕃兵，合数十万众，入寇西北边。京师大震。回纥、吐蕃，俱见前。同前。

（三）讲第三节：起"子仪亲率数骑"，至课末止。时子仪屯兵泾阳，今陕西泾阳县。严备不战。适怀恩已死，二寇争长不相睦。子仪侦之悉，乃亲往回纥营，使人传呼曰："令公来。"并免胄示之。回纥大惊，乃与其酋执手，并让①之曰："汝回纥有功于唐，唐之报汝亦不薄，奈何负约？"其酋知为怀恩所误，率将士罗拜马前。因与约合击吐蕃。吐蕃遁，联兵追破之。此一役也，以敌攻敌，转危为安，子仪之力也。胄，战时所著之冠，以御兵刃者也。同前。

（丙）整理

（一）回讲：同前。

（二）约述：［一］玄宗传位何人？［二］两京何人收复？［三］吐蕃何以入寇？［四］回纥之众，何故罗拜子仪？

（三）联络比较：［一］子仪收复两京，视杲卿诸人死守三郡，其功孰大？［二］唐之回纥，视汉之匈奴若何？［三］唐之吐蕃，视汉之西域若何？

（四）思考：［一］唐之两京，当今何地？［二］代宗时，二房联兵，使子仪果死，唐室能无危否？［三］子仪为唐上将，何竟亲入房营？

（五）作表：

$$郭子仪大事记\begin{cases}收复两京\\亲往回纥营，宣唐威德\\约回纥击破吐蕃\end{cases}$$

---

① 让：责。

备考

代宗时，仆固怀恩诱吐蕃、回纥等，三十余万众入寇，京师震恐。子仪以兵万余，屯于泾阳，出入阵中，虏见而问曰："此谁也？"报曰："郭令公子仪以太尉兼中书令，故曰令公。也。"回纥曰："令公存乎？怀恩言天可汗已弃天下，令公即世，中国无主，故我从之来。今令公诚存，可得见乎？"子仪欲往，众将谏止，子仪曰："虏众十倍于我，力固不敌。不若以至诚感之。昔吾与回纥约甚厚，可不战而下也。"众又请以五百骑为卫，子仪曰："此不足威敌，适启其疑，滋为害耳。"子仪与数骑径出，回纥大惊，皆执弓注矢以待。子仪免胄投枪而进，虏众相顾曰："果吾父也。"皆下马罗拜。时怀恩已暴疾死，回纥又与吐蕃不协。子仪因说其酋长药葛罗，与共击吐蕃，遂与之盟。虏众皆欢呼。吐蕃闻之，遁去。子仪与回纥追击，大破之。京师解严。

子仪为上将，拥强兵。程元振、鱼朝恩谗谤百端，诏书一纸征之，无不即日就道，由是谗谤不行。天下以其身为安危者殆三十年，年八十五而终，其将佐为名臣者甚众。

第十五　藩镇(一时间)

教材

安史既平,节度使权益重,兵民财赋,皆归掌握,渐至目无朝廷,史称藩镇之祸是也。而以河北三镇 成德、魏博、卢龙。为尤横,唐室无如之何,姑容之而已。德宗立,欲裁抑之,河北、淮西并叛。及宪宗用裴度为相,力主用兵,平淮西,诛首恶吴元济,诸镇始知听命。

要旨

授唐代藩镇概略,俾知武人不可过授大权。

准备

唐代疆域图。

预习

笔记:绘图。复习前课,探揣自是以后,唐室是否获安。

教授次序

（甲）预备

（一）检查预习：同前。

（二）指示目的：唐自肃、代用郭子仪等，荡平积寇，结回纥，破吐蕃，内患既除，外忧亦靖。然中叶以后，终于不振者，藩镇之祸，实其大原因也。爰书课题于板，指示之。

（乙）提示

（一）讲第一节：起课首，至"史称藩镇之祸是也"止。唐置诸道节度使，原所以屏藩国家，镇抚要塞也，故亦曰藩镇。乃自安史乱后，肃、代二宗，不鉴于范阳之失，兵民财赋诸大权，一切予之，不加限制。外重内轻，积久难反。其不肖者，遂阴谋兼并，以反抗中央。此藩镇之祸所由来也。同前。

（二）讲第二节：起"而以河北三镇为尤横"，至"河北淮西并叛"止。节度使之最横者，无过于河北三镇。三镇者，张忠志镇成德，田承嗣镇魏博，李怀仙镇卢龙，皆安史降将。其后互通婚姻，相为表里。练兵守城，不贡赋税，朝廷希冀无事，姑优容之，其实无如何也。迨德宗立，有志削藩，而河北诸镇叛，李希烈亦窃据淮西以叛。赖陆贽[1]等筹画于内，浑瑊[2]、李晟[3]等，戮力[4]于外，仅乃克之。此可见藩镇之势力矣。成德，今直隶正定县。魏博，今直隶大名县。卢龙，今京兆。德宗，名适，代宗太子。淮西，即蔡州（河南汝南县）。　横，去

---

① 陆贽（zhì）：字敬舆，吴郡嘉兴（今浙江省嘉兴市）人。
② 浑瑊（jiān）：铁勒族浑部人。
③ 李晟：字良器，洮州临潭（今甘肃省南部）人。
④ 戮力：协力。

声。同前。

（三）讲第三节：起"及宪宗用裴度为相"，至课末止。先是李希烈势蹙①，其将陈仙奇杀之来降，朝廷即以仙奇镇淮西。有吴少诚者，为希烈报仇，杀仙奇，诏即以少诚为留后。太阿倒持②，莫此为甚。少诚旋拒命。少诚死，其弟少阳继之。少阳死，子元济尤猖獗。及宪宗立，力图振作，专任裴度为相，讨淮西。王师入蔡州，诛元济，诸镇始不敢轻唐。宪宗，名纯，顺宗太子，德宗孙。裴度，字中立，闻喜（今湖北松滋县）人。

（丙）整理

（一）回讲：同前。

（二）约述：[一]何谓藩镇之祸？[二]德宗时，叛唐者几处？[三]宪宗时，所平者何地？所诛者何人？

（三）联络比较：[一]唐之藩镇，可方春秋之诸侯否？[二]河北三镇，是否即禄山兼领之地？[三]宪宗之武功，可方周宣王否？[四]裴度视郭子仪何如？

（四）思考：[一]兵民财赋之权，可令武人专之否？[二]三镇专横，姑容与裁抑，孰是孰非？[三]淮西在今何省？[四]使宪宗不用裴度，能诛吴元济否？

（五）作表及填注地图：

$$
\text{藩镇之祸}\begin{cases}\text{河北三镇}\begin{cases}\text{魏博——田承嗣}\\\text{成德——张忠志}\\\text{卢龙——李怀仙}\end{cases}\\\text{淮西——吴元济}\end{cases}
$$

---

① 蹙：穷。

② 太阿倒持：把剑柄给予别人，比喻大权旁落，授人权柄，自受其害。太阿，剑。

备考

　　德宗时，成德节度使李宝臣即张忠志，所赐姓名。卒，子惟岳，自称留后。于是淄青李正己，魏博田悦，承嗣子。皆起兵应之。梁崇义亦据襄阳，遥相应援。既而李正己死，子纳自称留后。帝命李希烈讨崇义，命马燧、李抱真、李晟讨悦，命朱滔讨惟岳。惟岳之将王武俊，杀之以降。李希烈亦克襄阳，斩崇义。而李纳势亦衰。独田悦未下，朝廷以为指日可平。乃李希烈、朱滔、王武俊等，以赏功不满其欲，田悦使人说之，于是四畔连盟，田悦称赵（魏）王，李纳称齐王，而朱滔称冀王，为之盟主。李希烈则自称天下都元帅，率兵攻襄城。诏发泾原兵救之，兵过京师，朝廷犒之薄，遂作乱，奉朱泚为主，帝奔奉天。今陕西乾县。朱泚围之，浑瑊、李怀光来救，始解其围。帝下罪己之诏，人心感动。王武俊等，各去王号谢罪。后李希烈为其下所杀，举众归朝。天下乃略定。

　　吴元济，淮西节度使吴少阳之子。少阳死，元济匿丧，自领军务。以不得朝命，纵兵侵掠，及于东都。诏发十六道兵讨之，师久无功。时裴度为相，力主用兵，会李愬①雪夜入蔡州，擒元济。淮蔡②平。

---

①　李愬(sù)：字符直，李晟之子。
②　淮蔡：淮西蔡州。

第十六　韩愈(一时间)

教材

中国文学,以周秦两汉为最盛。魏晋南北朝以降,崇尚骈俪,华而少实。自韩愈提倡古文,文学界风气为之一变。其居官亦敢言。宪宗时,释教大兴,愈上表谏迎佛骨,词甚切直。宪宗怒,谪之潮州。_{在今广东。}穆宗立,复用愈为侍郎。时成德节度使王廷凑,屡抗朝命,遣愈宣慰,一军尽服。文章气节,愈实兼之。

要旨

授韩愈概略,俾知唐一代之文学。

准备

韩愈肖像。

预习

笔记：复习第二册第三，尤须注意末段文学分科，与后世之关系。

教授次序

（甲）预备

（一）检查预习：同前。

（二）指示目的：三代而下，言文学者，汉唐并称，由来久矣。而有唐一代之文学，韩愈实为最著。爰书课题于板，并指图像示之。

（乙）提示

（一）讲第一节：起课首，至"为之一变"止。周秦两汉为中国学术最进化时期，故其时，文学亦称盛。魏晋以后，排偶盛而单行少，华胜于实，沿至初唐，积习不改。韩愈当德宗时，好为古文，毅然以起衰自任。学者仰之如泰山北斗。由是风气丕变①，粹然一出于正，其功伟矣。韩愈，字退之，南阳（今河南南阳县）人。同前。

（二）讲第二节：起"其居官亦敢言"，至"谪之潮州"止。愈非独能为文章也。其为御史时，尤克举言责，深恶释教害正。至欲"人其人，火其书，庐其居"。适宪宗信佛，有奉迎佛骨之举，朝野从风，趋之若鹜。愈上表切谏，以期不负所学。宪宗怒，诏贬潮州。谏虽不从，然读其文者，知媚佛之妄矣。谪，罚也。潮州，今广东潮安县。同前。

（三）讲第三节：起"穆宗立"，至课末止。宪宗崩，子穆宗立，召愈

---

① 丕变：巨变。

还,以为侍郎。时王廷凑据成德,抗朝命。朝廷惮于用兵,遣愈至成德宣慰,人为愈危。愈至,为之陈说利害,廷凑感服,遂内附。然则如愈者,固合文章气节,以为体用①者矣。<small>穆宗,名恒。王廷凑,王武俊养子。同前。</small>

(丙) 整理

(一) 回讲:<small>同前。</small>

(二) 约述:［一］唐以前中国文学何如?［二］韩愈何以能变风气?［三］宪宗因何事谪愈?［四］穆宗遣愈宣慰何人?

(三) 联络比较:［一］韩愈若在孔门,当列何科?［二］韩愈辟佛,视孟子翼孔教,有无异同?［三］韩愈宣慰成德,视郭子仪亲入房营何如?

(四) 思考:［一］华而少实,可得谓之古文否?［二］释教何时始入中国?［三］潮州在何流域?［四］成德在今何省?

(五) 作表:

$$韩愈大事记\begin{cases}提倡古文\\上表谏迎佛骨\\宣慰成德军\end{cases}$$

备考

愈生七岁,读书日记数千言,比长,尽通六经百家之学。至贞元<small>德宗年号。</small>十九年,为监察御史,以言事贬山阳令。元和<small>宪宗年号。</small>十四年,上迎佛骨入京师,留禁中三日。愈上表极谏,略言佛本夷狄,就使其身尚在,来朝京师,陛下不过宣政一见,赐衣一袭,卫之出境,

———————————

① 体用:中国古代哲学的一对重要范畴,指本体和作用、本质和现象。

不令惑众也。况其朽骨，岂宜入宫。乞投诸水火，以断天下之疑。帝大怒，将置极刑。裴度、崔群救之，乃贬潮州刺史。穆宗长庆二年，王廷凑围牛元翼于深州，官军救之无功。朝廷不得已，以廷凑为成德军节度使，而遣韩愈宣慰其军。廷凑虽受命，不解深州之围。诏愈至境，廷凑拔刀弦弓以逆①之。及阶，甲士罗于庭。廷凑言曰："所以纷纷者，乃此曹所为，非廷凑心。"愈厉声曰："天子以尚书有将帅材，故赐之节钺，不知尚书乃不能与健儿语耶？"甲士前曰："先太师为国击走朱滔，血衣犹在，此军何负朝廷，乃以为贼乎？"愈曰："汝曹尚能记先太师，则善矣。夫顺逆祸福，岂远耶？自禄山、思明以来，至元济、师道，其子孙有今尚存者乎？田令公以魏博归朝廷，子孙孩提，皆为美官。汝曹亦闻之乎？"廷凑恐众心动，麾之使出，谓愈曰："侍郎来，欲何如？"愈曰："神策诸将，如牛元翼者不少，但朝廷顾大体，不可弃之耳。尚书何为围之不置。"廷凑曰："即当出之。"因与之晏②，礼而归之。未几，翼将十骑突围出深州。四年，愈卒，赠礼部尚书，谥曰文。

---

① 逆：迎。
② 晏：同"宴"。

第十七 朋党与宦官(二时间)

教材

朋党之兴,始于李德裕与李宗闵。时宦官已擅权,宗闵交通之,引牛僧孺等,共倾德裕。德裕亦树党相争,史称牛李之党。因是宦官益横。德裕死,党争稍止。唐代宦官弑君,自陈弘志弑宪宗始。宦官立君,自王守澄立穆宗始。其后若文宗、武宗、宣宗、懿宗、僖宗、昭宗,无不立自宦官。昭宗时,宰相崔胤欲尽诛宦官,召节度使朱全忠于外。全忠者,黄巢余党也。巢以流寇连陷各地,旋称齐帝,后为唐败,势日蹙,全忠乃降唐。至是率兵入,悉杀宦官,迁昭宗于洛阳,弑之,立昭宣帝,因代唐统。

要旨

授朋党宦官概略,俾知唐亡之原因。

准备

起宪宗至昭宣帝世系表。

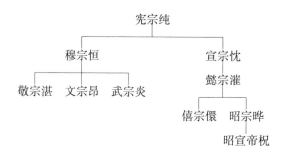

预习

笔记：制表。复习第二册第十五及本册第十五全课。

教授次序

（甲）预备

（一）检查预习：_{同前。}

（二）指示目的：唐代藩镇之祸，诸生既知之矣。然藩镇特肢体之患，而其腹心之患，实别有所在也。爰书课题于板，并书世系表指示之。

（乙）提示

（一）讲第一节：_{起课首，二句止。}朝臣分朋党，最不利于国家。唐不幸而有之，于是危亡之机肇焉。先是宪宗时，进士李宗闵对策，讥切宰相李吉甫，其子德裕憾①之。宗闵又与元稹争进取，有隙。德裕与稹，共构②宗闵，贬为远州。自是二人互相倾轧，势如水火。

---

① 憾：怨恨。
② 构：构陷，设计陷害。

此朋党所由始也。李德裕,字文饶,赞皇(今直隶赞皇县)人。李宗闵,字损之,唐郑王元懿四世孙。同前。

（二）讲第二节：起"时宦官已擅权",至"党争稍止"止。朋党之外,又有阉祸。宪宗时,宦官之权已重。迨文宗立,宗闵乃交通内侍,得为相,恶德裕逼己,排出之,而引牛僧孺同平章事,以厚其势。德裕亦多树党援以相讦①,不顾是非,但争同异。宦官两利用之,其专横遂不可制。迨僧孺、宗闵,为武宗窜。宣宗即位,德裕亦被贬死,争始息。计两党相轧,凡历四十年之久云。牛僧孺,字思黯,鹑觚(今甘肃灵台县)人。同前。

（三）讲第三节：起"唐代宦官弑君",至"召节度使朱全忠于外"止。唐代阉祸,自玄宗任用宦官杨思勖及高力士始。其始典兵预政,固已骇人听闻,然犹未闻擅主废立也。及陈弘志弑宪宗,王守澄立穆宗,由是每立一君皆出其手。若文、武、宣、懿、僖、昭皆是也。昭宗时,崔胤为相,谋尽诛之,又惧力不敌,遂有召朱全忠之事。陈弘志、王守澄,皆宦官。崔胤,字垂休,武城(今山东武城县西)人。朱全忠,本名温,砀山(今江苏县名)人,即后梁太祖。同前。

（四）讲第四节：起"全忠者",至课末止。唐末黄巢起兵山东,全忠其党也。巢连陷各地,西入长安称帝,国号曰齐。后为唐军所蹙,全忠见巢失败,遂降唐。至是驻兵大梁,受崔胤密约,率兵入京师悉杀宦官,不遗余类。旋逼昭宗迁洛阳,继又弑之。立昭宗子柷,是为昭宣帝。未几篡位,唐亡。黄巢,冤句(今山东菏泽县)人。同前。

（丙）整理

（一）回讲：同前。

（二）约述：[一]朋党始于何人？[二]朋党中,何人交通宦官？

---

①　讦(jié)：用言论攻击他人短处。

〔三〕宪宗何人所立？〔四〕穆宗何人所弑？〔五〕欲尽诛宦官者何人？〔六〕朱全忠何人之党？〔七〕昭宗迁洛阳，其后若何？

（三）联络比较：〔一〕唐之朋党，视东汉党锢何如？〔二〕唐之宦官，视东汉宦官何如？〔三〕崔胤召朱全忠，视王允召董卓何如？〔四〕黄巢之乱，与汉末黄巾同否？

（四）思考：〔一〕牛李之党，因何而起？〔二〕陈弘志弑宪宗，穆宗何以不能讨贼？〔三〕宦官何以有立君之权？〔四〕崔胤诛宦官，何以必借外兵？〔五〕使昭宗不迁洛阳，唐能免于亡否？

（五）作表：

朋党著名者 { 李宗闵、牛僧孺—牛党 李德裕—李党   宦官首恶者 { 陈弘志 王守澄

备考

唐文宗时，李德裕为西川节度使。时吐蕃屡为边患，德裕注意边防，作筹边楼，山川险要，皆悉知之，西鄙①以安。会吐蕃维州守将悉怛谋，以城降，德裕遣兵据其城，以状闻。牛僧孺时为相，劝帝诏德裕，以其城并悉怛谋还归吐蕃。德裕由此怨僧孺益深，而朝臣多有咎僧孺失计者，且谓其嫉功，帝亦悔之。僧孺不自安，乃与宗闵并罢。德裕自西川还，帝待之甚厚。宗闵百方排挤之，不得，卒为同平章事。既而宗闵党胜，帝遂罢德裕，而相宗闵。未几，宗闵亦出。纷纷扰扰，皆朋党倾轧之事。故文宗谓去河北三镇易，去朝廷朋党难。其情可见矣。

宪宗屡任吐突承璀，使之出征。晚年遂为宦官陈弘志所弑，讳言

---

① 鄙：边。

药发暴崩。穆宗为王守澄所立,而不能讨贼也。敬宗遇宦者严,宦者邓克明又弑之,立绛王悟。_{宪宗子。}克明欲专内权,于是守澄等不服,杀克明而立文宗,朝野上下不敢问。其后马元贽立宣宗,王宗实立懿宗,刘行深立僖宗,杨复恭立昭宗。故当时宦官,有门生天子之称。

黄巢少喜任侠,数举进士不第,遂畜养亡命,为暴客湖江间。僖宗时,濮州王仙芝作乱,巢应之。未几仙芝为官军所杀,众皆归巢。南下广州,又自桂州沿湘而下,北趋襄阳,更渡江东走,自采石济,围天长、六合,进陷东都,破长安,帝奔蜀。巢乃自称齐帝,杀唐宗室殆尽。既而诸镇兵至,河东李克用①以沙陀兵,大破巢兵。巢弃长安遁,为其下所杀。

昭宗体貌明粹,有英气,以僖宗威令不行,朝廷日卑,有恢复先烈之志,素嫉宦官。宰相崔胤,金人②也,与朱全忠交结,而密请上诛宦官。由是南北司益相水火,各结方镇以相排挤。既而宦者刘季述,幽帝于少阳院,而立太子为帝。神策将孙德昭,伏兵擒季述,迎昭宗复辟。上既反正,与崔胤谋除宦官益亟。时朱全忠在汴,胤遣之书,称密诏,令以兵迎车驾,全忠乃自将发大梁。宦者闻汴兵将至,韩全海等乃劫帝迁凤翔,依李茂贞。汴军进围凤翔,城中食尽,乃杀全海等,以说昭宗还京。全忠又大诛宦官,无少长尽杀之。自此大权悉归全忠。遂怀篡逆,杀崔胤,弑昭宗,立昭宣帝,寻受禅。

① 李克用:沙陀族,神武川新城(今山西省北部)人。
② 金人:小人。

第十八　五代(二时间)

教材

朱全忠弑唐昭宣帝，旋篡位，都大梁，在今河南。是为后梁。既而李存勖，灭梁，称帝，都洛阳，在今河南。是为后唐。石敬瑭以契丹之师灭后唐，是为后晋，继为契丹所灭。刘知远遂入大梁，寻称帝，是为后汉。郭威篡汉自立，是为后周。皆据中原，总称五代，前后历五十三年，而易八姓十三君。其时兵革不息，民生涂炭。惟后唐明宗，不恋帝位，常焚香祝①天，愿天早生圣人，以为斯民主。后周世宗，明于用兵，败东汉，亦称北汉。服南唐，伐契丹，所至有功，颇足称述。至镂②版以印九经，亦始于五代时冯道，后人或以发明印刷称之。然道以一身历事数姓，无耻甚矣。

要旨

授五代概略，俾知唐亡后相继主中原者。

---

① 祝：祈祷。
② 镂(lòu)：雕刻。

准备

五代帝系表：

后梁—后唐—后晋—后汉—后周

预习

笔记：制表。复习本册第十五藩镇及前课"全忠者"以下一段。

教授次序

（甲）预备

（一）检查预习：同前。

（二）指示目的：唐代藩镇专横，故其后卒成分裂之局。其时主中原者，凡五易姓，所谓五代也。爰书课题于板，并指帝系表示之。

（乙）提示

（一）讲第一节：起课首，至"是为后晋"止。五代始于梁，太祖朱全忠篡唐，都大梁，因以梁为国号，史家称为后梁，以别于南朝之梁也。唐、晋、汉、周，概称曰后，例亦援此。梁传二君，为唐庄宗李存勖所灭。庄宗都于洛阳，传四君，灭于石敬瑭。敬瑭灭唐，恃契丹之助也，改国号晋，亦传二君。朱全忠，详前课。大梁，今河南开封县。李存勖，沙陀人克用子。契丹，详本册第十一备考。石敬瑭，亦沙陀族。同前。

（二）讲第二节：起"继为契丹所灭"，至"而易八姓十三君"止。自古恃援于人，未有不受制于人者也。晋恃契丹而兴，旋即见灭于契丹。有明征矣。刘知远，晋太原守将也。契丹虏晋出帝北归，中原无主，知远遂称帝于大梁，国号汉，传二世，为郭威所篡。威本汉邺都守将，既即位，国号周，传三世禅于宋。合梁、唐、晋、汉共八姓十三君，五十三年。史家以其皆据中原，总称五代，亦曰五季。刘知远，沙陀人。郭威，邢州尧山（今直隶唐山县）人。同前。

（三）讲第三节：起"其时兵革不息"，至"以为斯民主"止。此五十余年中，战争时起，民不聊生，实中国晦盲否塞①之时也。推原其故，多由武人为君，昏庸相继耳。其间彼善于此，惟唐与周稍胜。唐明宗之立也，首除庄宗秕政②，节用爱人，其不贪君位，尤为人所难及。尝焚香祝天云云，可谓五代中之令主矣。唐明宗，克用养子，赐姓名李嗣源。同前。

（四）讲第四节：起"后周世宗"，至"颇足称述"止。周世宗长于用兵，即位之初，东汉亦称北汉。刘旻本名崇。引契丹入寇，帝自将出战，大破之。又伐南唐，尽取江北诸地。又伐契丹，取其三州，几有混一天下之势，会因疾班师，寻卒。世宗勤于政治，发奸摘伏，聪察如神。升遐③之日，远近哀慕焉。周世宗，姓柴名荣，周太祖养子。同前。

（五）讲第五节：起"至镂版以印九经"，至课末止。由唐末至梁，中原扰攘，儒术不讲久矣。后唐时有冯道者，请于明宗，令国子监校正九经，刻版印卖，书籍流行较便，文化赖以不绝。于是论者多以发明印刷，归功于道。然道以一身历事数姓，廉耻无存，士习卑污，亦由于此。冯道，景城（今直隶交河县）人。九经，《易》、《书》、《诗》、三《传》、三《礼》。同前。

（丙）整理

（一）回讲：同前。

---

① 晦盲否塞（huì máng pǐ sè）：国政混乱，下情不能上达。
② 秕政（bǐ zhèng）：不良的政治措施。
③ 升遐：帝王死去的婉辞。

（二）约述：〔一〕试举五代国号。〔二〕五代历几何年？易几君？〔三〕后唐贤主何人？〔四〕后周贤主何人？〔五〕九经镂版，何人发明？

（三）联络比较：〔一〕朱全忠视梁武帝何如？〔二〕李存勖视唐太宗何如？〔三〕石敬瑭视司马炎何如？〔四〕刘知远视刘邦何如？〔五〕郭威视周武王发何如？〔六〕冯道视苏武何如？

（四）思考：〔一〕大梁在今何省？〔二〕后唐以前，有建都洛阳者否？〔三〕五代易姓，何以如此之速？〔四〕明宗何以不恋帝位？〔五〕周世宗武功甚著，何以不能统一中国？〔六〕印刷视缮①写，功用孰大？

（五）作表：

五代{后梁—朱全忠／后唐—李存勖／后晋—石敬瑭／后汉—刘知远／后周—郭 威}　五代贤主{后唐明宗／后周世宗}

备考

朱全忠已详前课。

李存勖，沙陀人，西突厥之别部也。父克用，以讨黄巢功，封晋王。病革，诏存勖曰："梁，吾仇也。燕王，刘仁恭。吾所立。契丹与吾约为兄帝，而背晋以归梁。此三者，吾遗恨也。与尔三矢，尔其无忘乃父之志。"存勖受命，卒成父志，是为后唐庄宗。

石敬瑭，后唐明宗之婿，从征有功，为河东节度使。庄宗三传

① 缮（shàn）：抄写。

至废帝，与敬瑭有隙。废帝敕①敬瑭移镇，敬瑭拒命。乞援契丹，契丹因立敬瑭为帝，是为晋高祖。以契丹兵大破唐兵，废帝自焚死。

契丹本东胡之裔，为鲜卑别族，南北朝之初，始更号契丹。自耶律阿保机开国，据有今东三省、蒙古，太祖、太宗继之，改国号辽。初以兵辅立晋高祖，高祖献以燕云十六州之地，<small>今直隶及山西之北部。</small>以臣礼事之。高祖卒，出帝立，事之不如前。太宗怒，引兵入大梁，虏帝北归。

刘知远，初从晋高祖征伐有功，为河东节度使。出帝与辽战，用兵北方，帝疑知远有异志。及辽太宗入大梁，知远因奉表称臣。已而太宗北还，知远因逐辽守兵，即帝位于大梁，是为后汉高祖，在位一年。

郭威少以勇力闻，汉高祖亲爱之，既即位，拜为枢密副使。高祖卒，隐帝立，威受顾命辅政。隐帝多诛戮大臣，将及威，威引兵入大梁。隐帝遇害，群臣乃立其从子赟，亦被废。威为众所推，即帝位，是为后周太祖。

后梁<small>朱姓</small>。自太祖至末帝，十七年而亡。

后唐<small>本姓朱邪，唐赐姓李</small>。传四世，自庄宗历明宗、<small>初本胡人，无姓，名邈吉烈。</small>愍宗、至废帝，十四年而亡。

晋传二世，自高祖至出帝，十一年而亡。

汉传二世，自高祖至隐帝，四年而亡。

周传三世，自太祖历世宗，<small>姓柴名荣，太祖后兄守礼之子。</small>至恭帝十年而亡。故为八姓十三君。前朝之末年，即为后朝之元年，故为五十三年也。

---

① 敕：命。

冯道，少以孝谨知名，唐庄宗时始显贵，自是累朝不离将相公师之位。周世宗时，道为太师中书令，计历四朝十君，尝著《长乐老叙》，自叙累朝荣遇之状，识者鄙之。

第十九 十国(二时间)

教材

梁、唐、晋、汉、周而外,其割据一方者:曰吴,在今江苏。建于杨行密。继吴而兴者,曰南唐,建于李昇。曰前蜀,在今四川。建于王建。继前蜀而兴者,曰后蜀,建于孟知祥。曰南汉,在今广东。建于刘隐。曰楚,在今湖南。建于马殷。曰吴越,在今浙江。建于钱镠。曰闽,在今福建。建于王审知。曰南平,亦称荆南,在今湖北。建于高季兴。曰东汉,在今山西。建于刘旻。初名崇。是为十国。十国中享国最长久者,首推吴越。吴越王钱镠,临安在今浙江。人,唐末贩盐为业,后以讨董昌有功,为节度使,寻据有今江浙地,后梁封为吴越王。时中原丧乱,惟吴越一隅,休养生息,数十年不见兵革。又筑塘以捍海潮,称为钱塘,至今利赖之。传子元瓘,至孙俶,纳地归宋,共传八十五年。

要旨

授十国概略,俾知五代时群雄割据之情状。

准备

十国形势图。

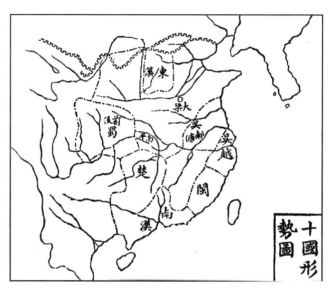

十国形势图

预习

笔记：绘图。复习本册第七及前课。

教授次序

（甲）预备

（一）检查预习：同前。

（二）指示目的：五代虽据中原，实则未能统一，诸生亦知斯时中原以外，属于何人乎。爰书课题于板，并指形势图示之曰：此即五代时之十国。

（乙）提示

（一）讲第一节：起课首，至"建于孟知祥"止。唐末群雄并起，五代之君，次第僭号于中原。兵力不暇及远，其实不能及也，故此外诸地，一听有力者割据之。唐僖宗时，杨行密据扬州，昭宗封为吴王，遂号吴。李昪者，行密养子也，诸杨不能容，改事徐温。温专吴政，温死，昪遂代之，篡吴自立，改号曰唐，是为南唐，据今江苏地。王建，唐昭宗时市永（永平）军节度使也，尝封蜀王。朱梁篡唐，建遂据蜀称帝，是为前蜀，为唐庄宗所灭。孟知祥者，庄宗所命以镇蜀者也，旋据蜀，是为后蜀，皆据今四川地。杨行密，合肥（今安徽合肥县）人。李昪，徐州（今江苏铜山县）人。昪，音卞。王建，舞阳（今河南舞阳县）人。孟知祥，龙冈（今直隶邢台县）人。同前。

（二）讲第二节：起"曰南汉"，至"是为十国"止。刘隐者，唐昭宗末年，封州节度使也。后梁封为南海王，遂据有广东地。及其弟龚，改国号曰南汉。马殷者，唐僖宗时节度使也，后梁封为楚王，遂据今湖南地，国号楚。钱镠者，唐末封越王，旋封吴王，后梁因之封吴越王，遂据今浙江地，国号吴越。王审知者，兄潮为唐福建观察使，审知为副使。潮卒，审知代立。唐以福州为武威军，拜审知为节度使，封琅邪王，后梁封为闽王，遂据有今福建地，国号闽。高季兴，后梁为荆南节度使，后唐封南平王，遂据有今湖北地，国号南平。刘旻者，初名崇。汉高祖从弟也，高祖命为太原尹。与郭威有隙，及威代汉，崇乃以叔父礼事契丹，即位太原，遂据有今山西地，以续汉业。因地在河东，史家称为东汉，或对于南汉而称北汉。刘隐，上蔡（今河南上蔡县）人。龚，音掩。马殷，鄢陵（今河南鄢陵县）人。王潮，固始（今河南固始县）

人。高季兴,硖石(今河南陕县)人。同前。

（三）讲第三节：起"十国中享国最长久者"，至"后梁封为吴越王"止。五代群雄，此兴彼灭，享国皆甚短促。惟吴越起自唐末，至宋太宗时犹存，不为不久矣。江浙为产盐之地，私贩充斥，自古已然。镠即因此发迹，可见此中非无豪杰也。昭宗时，浙东节度使董昌叛，镠率浙西将士，破其众，擒昌以献，遂代为节度。累受王封，及梁篡唐，镠坚据其地，梁即因以封之。临安,今浙江杭县。同前。

（四）讲第四节：起"时中原丧乱"，至课末止。时中原屡经兵革，民不聊生。经梁、唐二代，镠皆谨事之，保障一方，休养生息。故数十年中，江浙人民，不受兵祸。又临安沿江为城，海潮上腾，江水时为患。镠鸠工①凿石，筑塘以捍御之，民人利赖，称曰钱塘，示不忘也。于是临安富庶，盛于东南。四传至俶，时宋已统一，诏俶来朝，始纳土归京师。自唐末建国至此，历年盖八十有五云。钱俶纳地,在宋太宗太平兴国三年。同前。

（丙）整理

（一）回讲：同前。

（二）约述：［一］吴与南唐，建自何人？［二］前后蜀，建自何人？［三］南汉与楚，建自何人？［四］吴越与闽，建自何人？［五］南平与东汉，建自何人？［六］十国中享国最久者，何姓？

（三）联络比较：［一］杨行密可比于吴主孙权否？［二］王建与孟知祥，可比于蜀主刘备否？［三］马殷可比于楚庄王否？［四］十国形势与东晋十六国之比较？［五］吴越保守一隅，视东晋渡江建国何如？

（四）思考：［一］五代时割据南方者几国？［二］割据北方者几国？［三］吴之后，何以改称南唐？［四］蜀何以改称后蜀？［五］十国之君，何以不争长中原？［六］钱塘在今何省？

---

① 鸠工：聚集工匠。

（五）作表及填注地图：

五代时之十国
- 吴——杨行密—今江苏
- 南唐—李　昇—同　上
- 前蜀—王　建—今四川
- 后蜀—孟知祥—同　上
- 南汉—刘　隐—今广东
- 楚——马　殷—今湖南
- 吴越—钱　镠—今浙江
- 闽——王审知—今福建
- 南平—高季兴—今湖北
- 东汉—刘　旻—今山西

备考

吴杨行密卒，子渥嗣，其将徐温弑之，立其弟隆演，徙治升州。今江苏江宁县。及卒，行密第四子溥立，称帝，都于金陵。后其臣李昇篡之，吴亡。

李昇卒，子璟立，为周世宗所败，尽献江北地，去帝号，称国主，奉周正朔①。及卒，子煜立，不恤政事。宋太祖召使入朝，称疾不行。宋伐之，克金陵，俘之以归，封违命侯，南唐亡。

王建卒，传子衍，昏暴荒纵。后唐庄宗，遣郭从（崇）韬伐之，衍出降，前蜀亡。

孟知祥卒，子昶立，尽有前蜀故地。及宋太祖即位，诏伐蜀，俘昶以归，封秦国公，后蜀亡。

刘隐卒，传弟龑，称帝，国号大越。三世至鋹，宋太祖遣潘美伐之，俘之以归，封恩赦侯，南汉亡。

---

① 　正朔：历法。奉正朔，即臣服于某朝。

马殷之后，传子希范、希广、希萼、希崇五主，南唐李璟灭之。

钱镠传子元瓘，元瓘传其子佐，佐传其弟俶，累世入贡于五代诸朝。宋太宗太平兴国三年，诏俶来朝，俶举族归于京师，国除。

王审知传子延翰，其弟延钧弑之，自立称帝。更历三主，至延政，南唐李璟灭之。

高季兴传子从诲，从诲传子保融，保融传弟保勖，保勖传子继冲。宋太祖命慕容延钊等，讨湖南周氏之乱，假道荆南，因灭之。

刘旻卒，子承钧立。宋太祖谕之降，不从。承钧传子继恩，被弑，其弟继元立。宋太宗太平兴国四年，宋师北征，继元降，封彭城公，东汉亡。十国之中，或起于唐僖昭之时，或灭于宋太宗之世，惟吴越享国最长。

第二十　宋太祖(一时间)

教材

宋太祖,姓赵名匡胤。初为后周将,威望日隆。周世宗卒,太祖为军士所拥立,遂代周而即帝位,改国号曰宋,都于汴①,在今河南。

宋太祖印

分遣诸将翦灭诸国。弟太宗嗣位,又灭东汉,至是中国本部,惟契丹侵地未返,其余复归一统。

自唐末藩镇拥兵,不受朝廷节制,酿成五代分裂之祸。宋太祖用赵普策,于杯酒之间,释武臣兵柄,以文臣知州事,始集权于中央,一革五代时积弊。

要旨

授宋太祖概略,俾知五代后,中国复为一统。

---

① 汴(biàn):即今河南省开封市。

准备

宋太祖肖像。

预习

笔记：复习本册第十八及前课。

教授次序

（甲）预备

（一）检查预习：同前。

（二）指示目的：五代纷争，十国割据，中国分裂已甚。诸生亦知继起而统一之者，果何人欤。爰书课题于板，并指图像示之曰：此即继五代而兴者。

（乙）提示

（一）讲第一节：起课首，至"分遣诸将翦灭诸国"止。太祖仕周，为殿前都检点，累立战功，遂握兵柄。及周世宗卒，恭帝嗣位，陈桥兵变，遂受周禅。此皆由军士拥戴所致也。时十国中，吴楚与闽已为南唐所并。乾德元年，慕容延钊灭荆南，遣王全斌伐蜀，孟昶降。开宝三年，遣潘美伐南汉，刘鋹降。七年，命曹彬伐南唐，克之。惟吴越、东汉尚存。宋太祖，涿郡（今京兆涿县）人。汴，今河南开封县。同前。

（二）讲第二节：起"弟太宗嗣位"，至"其余复归一统"止。太祖在位十六年卒，弟太宗嗣位。太平兴国三年，吴越王钱俶，纳土来朝。四年，自将伐东汉，平之。乘势继伐契丹，师久无功。故昔年石晋①弃地，独未收复。然其余则皆入版图。太宗，名光义。契丹侵地，即幽蓟十六州，今直隶、山西北部。同前。

（三）讲第三节：起"自唐末藩镇拥兵"，至课末止。五代分裂，藩镇拥兵所致也。太祖得国亦然。故内而卿贰②，外而方镇，仍多周室之旧。其心腹之臣，则惟赵普，故密谋大计，多决于普。其最要者，如召武臣石守信等饮酒，一言释其兵权，诸州民事，皆易文臣主之，以收内重外轻之效。于是百余年藩镇之祸始除。论者谓宋之兴始此，而积弱之原因，亦伏于此。赵普，幽州蓟（今京兆蓟县）人。同前。

（丙）整理

（一）回讲：同前。

（二）约述：［一］宋太祖何以代周？［二］宋建都何地？［三］继太祖即位者何人？［四］开国时用何人政策？

（三）联络比较：［一］宋太祖视唐高祖何如？［二］汴与大梁，是一是二？［三］宋太祖视唐太宗何如？［四］赵普视唐之房、杜何如？

（四）思考：［一］军士拥立太祖，周室何以不讨？［二］契丹侵地，始自何时？［三］唐末藩镇之祸，是何主因？［四］中央集权，可无分裂之祸欤？

（五）作表：

$$
宋开国政策
\begin{cases}
释武臣兵柄 \\
以文臣知州事
\end{cases}
$$

---

① 石晋：指后晋。
② 卿贰：官阶次于卿相的朝中大官。

备考

宋太祖赵匡胤,涿人也。父弘殷,周检校司徒,岳州防御使。母杜氏。周恭帝时,东汉引辽兵入寇,命太祖御之。时主少国疑,军士密有推戴之意。军次陈桥驿,_{在今河南开封县境。}夜五鼓,军士集驿门,宣言册检点为天子。黎明,太祖起,诸校露刃列庭曰:"诸军无主,愿奉太尉为天子。"遂以黄袍加太祖身,掖之上马,还趋京师,即皇帝位。

太宗初名匡义,后赐名光义。初封晋王,即位后,改名炅,太祖之弟也。

赵普,字则平,宋未受禅时,即为太祖掌书记。及即位,石守信等,皆上故人,使典禁兵。赵普数以为言,上从之。因晚朝,与守信诸将等饮酒,酒酣,屏左右谓曰:"朕非卿等不及此,然天子亦大艰难,不及为节度使之乐。"守信等请其故。太祖曰:"是不难知,此位谁不欲为。"守信等顿首曰:"天命已定,谁复异心?"太祖曰:"卿等固然,如麾下欲富贵何? 一旦有以黄袍加汝身,欲不为得乎? 卿等何不释去兵柄,出守大藩,君臣之间,两无猜疑,不亦善乎?"守信等皆谢。明日皆称疾,乞罢典兵。太祖以文臣知州事,又置诸州通制,皆普之谋也。

第二十一 寇准（一时间）

教材

宋真宗时，契丹大举入寇，迫澶州，在今直隶。汴京大震，众议迁都。惟宰相寇准不可，请帝亲征。车驾至河北，诸军皆踊跃呼万岁，声闻数十里。契丹气夺，有求盟之意，准欲乘势要其称臣献地，以绝后患。帝不许，与契丹议和，岁赠金帛，宋朝为兄，契丹为弟，定约罢兵，是为澶渊之盟。由是宋、辽相安，兵刃稍息。

要旨

授寇准概略，俾知宋与契丹和战之政策。

准备

宋代疆域图。

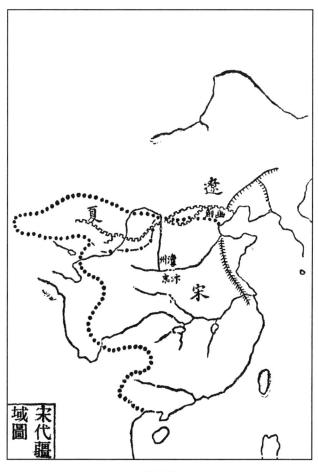

宋代疆域图

预习

　　笔记：绘图。复习本册第十八"石敬瑭以契丹之师灭后唐"三句，及前课。

教授次序

（甲）预备

（一）检查预习：同前。

（二）指示目的：自五代迄宋，契丹为北方一强敌，其和战之关键，则澶渊之役是也。诸生亦欲知主是役者为何人乎。爰书课题于板，并指地图示之。

（乙）提示

（一）讲第一节：起课首，至"请帝亲征"止。寇准，字仲平（平仲），华州今陕西华县。人，真宗时为宰相。景德元年，契丹大举南下，迫澶州。州濒黄河北岸，与宋都近，人心大震。时参政王钦若，吴人也，请幸金陵。同签枢密陈尧叟，蜀人也，请幸成都。惟准力请亲征，以为若用迁都之议，则根本动摇，大事去矣。宋真宗，名恒，太宗第三子。澶州，今直隶濮阳县。澶，音蝉。同前。

（二）讲第二节：起"车驾至河北"，至"以绝后患"止。澶州逼近敌兵，颇为危险。乃真宗一经渡河，士气因之大振，契丹亦俯首求和。可见勇往直前，即可气吞胡虏也。准于此因欲要其臣服于宋，并献石晋时所赂地，意谓雪前耻而杜后患，在此时矣。同前。

（三）讲第三节：起"帝不许"，至课末止。准之所以不欲稍示退让者，盖知士气方盛，实有可胜之道耳。惜帝不用其计，遂与议和。金帛之赠，兄弟之称，皆是时所定条约，史称澶渊之盟是也。自此以后，两国休兵息民，北方稍靖。然微①准之力不及此。澶渊，水名，在澶州。同前。

---

① 微：非，无。

（丙）整理

（一）回讲：同前。

（二）约述：［一］契丹入寇，兵近何地？［二］真宗何故亲征？［三］寇准要求契丹何事？［四］澶渊之盟，条约何如？

（三）联络比较：［一］宋之契丹，视唐之回纥何如？［二］寇准视东晋谢安何如？［三］澶渊条约，视唐太宗时诸国入贡内附，孰得孰失？

（四）思考：［一］澶州与汴京，孰在河南，孰在河北？［二］真宗亲征，诸军何以踊跃？［三］准要契丹称臣入贡，制胜之道安在？［四］使真宗竟许准议，两国能罢兵否？

（五）作表及填注地图：

$$
寇准大事记 \begin{cases} 为宋宰相，辟迁都之议 \\ 请真宗渡河，亲征契丹 \\ 要求契丹称臣献地 \end{cases}
$$

备考

真宗景德元年，契丹入寇，陷德清，逼冀州，遂抵澶州，谋渡河。边书告急，一夕五至。时准为宰相，兼枢密使，上召问之，准请上幸澶州，上有难色。宰相毕士安，力劝上从准言。上乃议亲征。而王钦若等请迁都，上以问准，准曰："谁为此谋者，可斩也！"乃止。途中复有请幸金陵者，准曰："陛下惟可进尺，不可退寸。若回辇数步，则众皆瓦解，虽金陵不可得而至也。"上遂发。至澶州南城，准力请渡河，上从之。御北城门楼，张黄龙旗纛，诸军望见御盖，皆踊跃呼万岁。契丹气夺。有王继忠者，故中国将也，降于虏。数为辽主言和好之利，至是因谍者奏密表，为上言之。上乃遣曹利用往议和。准欲要其称臣,及还幽燕地,因画策以进曰:"如此可保百年无事。不然,数十年后,戎且生心矣。"上曰:"吾不忍生民之重困,姑许岁币,可也。"因谓利用:"必不得已,虽百万亦可许。"准谓利用"不得过三十万",利用竟以银十万两,绢二十万匹,成约而归。国书以兄弟称。遂罢兵。

第二十二 辽圣宗(一时间)

教材

契丹本鲜卑族,自后魏以来,名始见于中国。后唐之末,其酋长耶律阿保机,据有今东三省、蒙古之地,称帝。子太宗立,石敬瑭又割幽蓟十六州与之,势益强大,改国号曰辽。其民多以骑射为事,虽女子亦娴鞍马。至圣宗立,与宋议和,效中国文治,益修内政,理冤滞,举才行,察贪残,抑奢僭,录死事之子孙,振诸部之贫乏,而在位复长久,为辽诸帝所莫及。

要旨

授辽圣宗概略,俾知契丹立国之情状。

准备

辽疆域图。

预习

笔记：绘图。复习前课，探揣契丹所以能为宋敌者，其故安在。

教授次序

（甲）预备

（一）检查预习：同前。

（二）指示目的：辽虽非汉族，然当五代及宋时，实为北方一大国，与中国并峙，则其立国之历史，诸生亦愿闻之乎。爰书课题于板，并指地图示之。

（乙）提示

（一）讲第一节：起课首，三句止。辽圣宗，姓耶律，名隆绪，契丹贤主也。其族本鲜卑遗裔，三国时为魏所败，徙其众于潢河在今内蒙古。以南，保鲜卑山为根据地。及元魏时，改号曰契丹，其名见于中国始此。同前。

（二）讲第二节：起"后唐之末"，至"虽女子亦娴鞍马"止。辽之称帝也，始于耶律阿保机，是为契丹太祖，盖在后唐末年。今之东三省及蒙古，均在其所并八大部落之内。传子太宗德光，石晋又赂以今直隶、山西北部地，故日见强大，改契丹曰辽，亦始于此时。北方风气刚劲，人以射猎为生，故无不善鞍马者，虽女子亦然。此所以当为中国患也。十六州，属今直隶者十二，属今山西者四。详备考。同前。

（三）讲第三节：起"至圣宗立"，至课末止。太宗四传至圣宗，奉其母萧太后①,入侵宋。太后指挥军士,极有方略,与宋议和,即澶渊之盟是也。罢兵后,圣宗亲政,思以中国文化,变其国俗。观于史称诸端:理冤滞,则庭无留狱;举才行,则国无遗贤;察贪残,则吏治廉明;抑奢僭,则豪强守法;录死事之子孙,则将士益奋;振诸部之贫乏,则属国益亲。其内政之修明,盖有非中主所能及者,而在位又历五十年之久,其享令名也固宜。同前。

(丙) 整理

(一)回讲:同前。

(二)约述:〔一〕契丹系出何族?〔二〕契丹最初称帝者何人?〔三〕改号曰辽,始于何时?〔四〕辽圣宗之治,最著者何事?

(三)联络比较:〔一〕辽与五胡之慕容,是否同族?〔二〕耶律阿保机,视刘渊何如?〔三〕辽俗以骑射为事,视赵武灵王胡服骑射,强弱何如?〔四〕辽圣宗可比后魏孝文帝否?

(四)思考:〔一〕辽耶律阿保机所据地,是否在长城以内,抑在其外?〔二〕幽蓟十六州,在今何省?〔三〕骑射之事,施之今日尚适用否?〔四〕辽圣宗益修内政,度宋之力,能并辽否?

(五)作表及填注地图:

$$
辽圣宗之治
\begin{cases}
理冤滞 \\
举才行 \\
察贪残 \\
抑奢僭 \\
录死事子孙 \\
振诸部贫乏
\end{cases}
$$

---

①　萧太后:名萧绰,景宗皇后。

备考

圣宗即位时，年尚幼，母后萧氏摄政。后聪明，得将士心，以耶律休哥有智略，厚加委任。宋太宗之不得志于辽，盖以此也。

太宗所得石晋十六州：曰幽，今京兆。曰蓟，今直隶蓟县。曰瀛，今河间县。曰莫，今肃宁县。曰涿，今涿县。曰檀，今密云县。曰顺，今顺义县。曰新，今涿鹿县。曰妫，今怀来县。曰儒，今延庆县。曰武，今宣化县。曰蔚，今蔚县。以上十二州，均属今直隶省。曰云，今大同县。曰应，今应县。曰寰，今朔县东。曰朔，今朔县。以上四州，均属今山西省。

圣宗既与宋和，遂东降高丽，西征回纥，东灭渤海遗族。辽之属地，东临日本海，西接天山之麓，南包中国本部之北，北至外蒙古胪朐[1]河，国中建五京，一时纳贡者，凡十六国。

圣宗即位于宋太宗太平兴国七年，至仁宗天圣九年始卒，在位将五十年。

---

[1] 胪朐(qú)：古河名，今克鲁伦河。

第二十三　宋仁宗(一时间)

教材

宋仁宗继真宗而兴,恭俭爱民,出于天性。且能注重教育,识拔人才。欧阳修、司马光等,相继柄政,宋室之治,于斯为盛。

是时宋、辽无事,而西夏赵元昊称帝于西北,<small>据有今陕西、甘肃边境及内蒙古西部。</small>且屡寇边。宋征之,互有胜负。惟韩琦、范仲淹督师防御,号令一新,军威颇振,夏不敢犯,边人作歌曰:"军中有一韩,西贼闻之心胆寒;军中有一范,西贼闻之惊破胆。"其威望可以想见。未几,夏称臣于宋,愿受册封,宋亦岁赐银绢以羁縻①之,边境以安。

要旨

授宋仁宗概略,俾知贤能在位,内安外宁,为宋之最盛时代。

---

① 羁縻(jī mí):意为笼络控制。

西夏文字

准备

宋与西夏疆域图。

预习

笔记：绘图。复习本册第二十"太宗嗣位"以下一段，及第二十一全课。

教授次序

（甲）预备

（一）检查预习：同前。

（二）指示目的：凡一代皆有其极盛之时，若汉之文景，唐之贞观、永徽，而宋则仁宗，其极盛之时也。爰书课题于板，指示之。

（乙）提示

（一）讲第一节：起课首，至"于斯为盛"止。真宗卒，太子祯立，是为仁宗。真宗晚年好言符瑞①，粉饰太平，内政渐弛。帝力矫其失，恭则不欺，俭则不费，皆爱民之一念所致也。人才者，国之宝，而教育又人才所自出。帝皆于此加意焉。其时执政之臣，如欧阳、司马诸人，又皆一时俊杰，虽欲不治，得乎？故论宋室之治，必以仁宗称首。欧阳修，字永叔，庐陵（今江西吉安县）人。司马光，字君实，陕州夏县（今山西夏县）人。同前。

———————————

① 符瑞：帝王受命的吉兆。

（二）讲第二节：起"是时宋辽无事"，至"夏不敢犯"止。时宋、辽盟好如故，东北无事。有西夏者，自唐始受封，宋初亦内附，遂赐姓赵。后渐贰宋，至元昊，遂僭帝号。指附图西夏文字示之，此即元昊所制之字也。于是西北多事，边境不宁，宋屡征无功。帝命韩、范二人出镇西边，选将练士，一洗积弱之弊。军威既振，夏兵亦不敢东窥。韩琦，字稚圭，相州（今河南安阳县）人。范仲淹，字希文，吴县（今江苏吴县）人。同前。

范仲淹

（三）讲第三节：起"边人作歌曰"，至课末止。韩、范能拒元昊，边人感戴，至作歌以为纪念。军中以下云云，皆记实也。元昊畏范，尤甚于韩，当日夏人军中有"小范老子"之称。本课所列图像，即其人。范之为人，至今景仰。其后夏知宋有备，自愿称臣，并请复其故封。仁宗始终以爱民为念，不欲再启兵端。区区银绢之赐，能费几何，而边民已深受其福矣。同前。

（丙）整理

（一）回讲：同前。

（二）约述：〔一〕仁宗何人之子？〔二〕仁宗时何人柄政？〔三〕辽宋相安，西北何人称帝？〔四〕宋廷防御西北者何人？

（三）联络比较：〔一〕宋仁宗视唐玄宗何如？〔二〕欧阳修、司马光，视姚崇、宋璟何如？〔三〕西夏赵元昊，视秦苻坚何如？〔四〕韩琦、范仲淹之御西夏，视班超之平西域何如？

（四）思考：〔一〕教育与人才之关系。〔二〕宋之内治，仁宗时何以最盛？［三］西夏称帝西北，关系宋之利害若何？［四］韩、范镇边，何以能令元昊取消帝号？

（五）作表及填注地图：

宋仁宗大事记 $\begin{cases} 恭俭爱民 \\ 注重教育，识拔人才 \\ 命欧阳修、司马光柄政 \\ 宋辽息兵 \\ 命韩琦、范仲淹防御西边 \\ 赵元昊称臣受册封 \end{cases}$

备考

仁宗初名受益，后更名祯，真宗第六子也。宝元二年，诏自乘舆服御，及宫掖所需，务从简约。庆历四年，诏天下州县皆立学。在位四十二年，史称其君臣上下，恻怛之心，忠厚之政，所以培壅国基者甚厚。

欧阳修，仁宗时为谏官，论事切直。后拜参知政事，尽心匡辅。又以文章名天下，学者师之。

司马光，宝元初进士，累官端明殿学士，罢居洛阳，天下以为真宰相。仁宗崩，赴阙临，卫士望见，皆以手加额。所至民遮道聚观，曰："无归洛，留相天子，活百姓也。"

赵元昊，西番①人，后魏②拓跋氏之后。唐僖宗时，有拓拔思恭者，讨黄巢有功，赐姓李，有银夏绥宥静五州地。传至李彝昌，为其下所杀，军中迎李仁福立之。宋太宗时，夏州留后李继捧，来朝献

---

① 西番：即西羌，中国西部诸族的泛称，元昊所属的党项族是羌族的一支。
② 后魏：即北魏。

地,继捧族弟继迁,不乐内徙,叛降契丹。太宗使继捧镇夏州,窃招继迁,后继迁请降,太宗以为银州观察使,赐姓名赵保吉。至真宗,复赐以旧领五州地,已而复叛。保吉卒,子德明立,宋及契丹,均封为西平王。仁宗时,德明卒,子元昊嗣,雄毅有大略,遂独立。

韩琦,风骨秀异,与范仲淹,名重一时,朝廷倚以为重,天下称"韩范"。

范仲淹,少有志操,为秀才时,即以天下为己任。尝曰:"士当先天下之忧而忧,后天下之乐而乐。"

西夏用兵既久,仁宗颇生厌倦之心。元昊亦渐困弊,自生悔心。会契丹使至,言元昊有欲通款意,仁宗因使边将招元昊。元昊果上书,仁宗因封元昊为夏王。

第二十四　王安石(二时间)

教材

　　王安石,临川在今江西。人,负才气,工文章,好议论军国大事。会神宗欲北灭辽,西并夏,统一中国。患兵力不足,财政支绌①,非理财不能练兵,故闻安石名,遂有引用之意。

王安石

　　安石初不肯出,既出为相,议变法,旧臣多反对之。安石劝神宗独断,下新法之令。以所用非人,不善奉行,卒无成效。新党复自相倾轧,安石遂求去。无何,神宗亦卒。

　　哲宗立,起司马光为相,尽罢新法。已而章惇进用,新法复行,党争益烈。及徽宗时,蔡京执政,务括②民财,供皇室奢侈。又与金

---

①　绌(chù):不足。
②　括:搜刮。

共灭辽。其时夏势虽微,而宋之外患,又在金矣。

要旨

授王安石概略,俾知宋变法之始末。

准备

王安石肖像。宋帝系表。

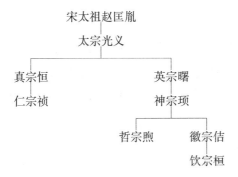

宋太祖赵匡胤
太宗光义
真宗恒　　英宗曙
仁宗祯　　神宗顼
哲宗煦　徽宗佶
钦宗桓

预习

笔记:制表。复习第二册第五"七雄之中"以下一段,及前课。

教授次序

(甲) 预备

(一) 检查预习:同前。

(二) 指示目的:宋自辽夏议和,名为一统,实则三分。仁宗既崩,其时朝臣中有一人,志在兴宋,毅然变法者,亦历史上大有关系之事也。爰书课题于板,并指图像示之。

（乙）提示

（一）讲第一节：_{起课首,至"遂有引用之意"止。}安石,字介甫,少好读书,以才气文章名于世。仁宗时,曾上万言书,所陈皆军国大事。欧阳修尝为延誉。仁宗命为知制诰,旋以忧去官。至神宗即位,志欲廓清西北,合辽、夏而统一之,以裕饷练兵为急务。知安石有经济①才,向用益切。此安石起用所自始也。_{临川,今江西临川县。神宗,名顼,英宗太子。同前。}

（二）讲第二节：_{起"安石初不肯出",至"下新法之令"止。}安石自仁宗末年去职,终英宗之世,屡召不出。及被神宗召,遂出知江宁府。熙宁二年,拜参政,以为欲对外,先治内,治内首当变法。其时韩琦、司马光等,多以为不便。安石既见神宗信任,因请独断,于是农田水利、青苗、均输、市易、保甲、保马诸令,同时宣布,势在必行。所谓熙宁新法也。_{同前。}

（三）讲第三节：_{起"以所用非人",至"神宗亦卒"止。}宋自真宗以来,朝野狃②于治安,内政渐弛。安石请行之新法,如农田水利诸令,非不切要,特以旧党反对者多,相率去位。而小人之徒,如陈升之、吕惠卿、韩绛等,乘间附和以取富贵。结果之不良,由于用人之不善也。新党中人,本为利来。久之又起争端,互相排挤,而新法益为世所诟病。安石不能制,因求去。神宗急于求治,而朝政愈乱,因是愤懑而死。_{同前。}

（四）讲第四节：_{起"哲宗立",至"党争益烈"止。}神宗殁,哲宗立,年幼,太皇太后高氏_{英宗后。}临朝。以新党乱政,悉贬黜有差。起用司

---

①　经济：经世济用。
②　狃(niǔ)：习惯。

马光为相,旧臣中反对新法者,亦渐任事,乃诏罢一切新法,稍安。未几司马光卒,太皇太后崩,帝亲政。当时朝臣有调停新旧之说,章惇者,吕惠卿党也,乘机复官,劝帝复行安石诸新政。于是新旧两党,竞争复起,势如水火矣。哲宗,名煦,神宗第六子。章惇,浦城(今福建浦城县)人。同前。

(五)讲第五节:起"及徽宗时",至课末止。哲宗殁,弟徽宗立,任用蔡京为相。京素为旧党所恶,乃劝帝绍法神宗,力排旧党。立党人碑大书旧党姓名,以司马光冠首。借口安石新法,务为搜括,且大兴土木网罗花石,以导徽宗之侈心。时辽势渐衰,金人崛起东北。使人约金灭辽,以耀边功。西北虽幸而无事,而金之为患,乃视辽尤亟。徽宗,名佶,神宗庶子。蔡京,仙游(今福建仙游县)人。同前。

(丙)整理

(一)回讲:同前。

(二)约述:[一]神宗何故引用安石?[二]安石变法何如?[三]安石何以求去?[四]哲宗时,何人为相?[五]复行新法,主动者何人?[六]徽宗时,何人执政?

(三)联络比较:[一]安石工文章,视韩愈提倡古文若何?[二]宋神宗可比于秦孝公否?[三]安石变法,视商鞅何如?[四]宋之党争,视唐之朋党何如?[五]蔡京务括民财,视周厉王时之荣夷公何如?

(四)思考:[一]理财与练兵之关系。[二]宋与辽夏逼处,不变法,是否能致富强?[三]旧臣何故反对新法?[四]使安石用人得当,新法可睹成效否?[五]章惇与司马光,是否同党?[六]徽宗何人之子?

(五)作表:

$$
王安石变法始末记\begin{cases}主动变法者——神宗 \\ \left.\begin{array}{l}尽罢新法者 \\ 复行新法者\end{array}\right\}——哲宗 \\ 借新法括财者—徽宗\end{cases}
$$

备考

安石生有异质,及长博览强记,善辩不屈。所为文,渊源出于典诰①,擢进士上第。神宗朝拜相,封荆国公,卒谥曰文。尝双(行)新法,有青苗、保马、保甲、水利、雇役等名目。号半山,所著有《三经新义》、《文集》等,行于世。章惇、蔡京,均在《宋史·奸臣传》。

---

①　典诰:此泛指儒家典籍。

第二十五　宋高宗(一时间)

教材

金人为女真族,蕃殖于今吉林东部,世为辽属,宋初尝来献马。辽衰,其酋阿骨打称帝,建国号曰金。金人约宋灭辽,许以晋赂契丹之地归宋。旋起衅①,遂伐宋,渡河而南,陷汴京,徽、钦二帝皆被虏,金人立张邦昌为帝。康王构,钦宗弟也,避金兵而南,遂即位,渡江至临安,在今浙江。定都焉,是为高宗。宰相李纲、留守宗泽,力请帝回汴,图恢复,雪国家之耻,报父兄之仇,高宗不能用。因是宋尽失北方之地,而偏安于南方。史家称为南宋。

要旨

授宋高宗概略,俾知金入中原,宋室南渡。

---

① 衅(xìn):争端。

准备

南宋疆域图。

南宋疆域图

预习

笔记：绘图。复习本册第五"洛阳失陷"至"是为东晋元帝"一段,及前课。

教授次序

(甲) 预备

(一) 检查预习：同前。

(二) 指示目的：宋之外患,神宗以前在辽、夏,徽宗以后在金。自辽亡夏微,金遂并吞中国之半。斯时起于南方,以延宋祚者,则高宗是也。爰书课题于板,并指地图示之。

(乙) 提示

(一) 讲第一节：起课首,至"建国号曰金"止。辽之东边,有女真族,分生、熟二部,世居今吉林松花江两岸。熟女真先隶辽,其后生女真亦渐归附,献马于宋,盖太祖建隆二年也。继因辽政日非,疲于贡献,酋长阿骨打遂叛辽称帝,建国号,是为金所自始。阿骨打,姓完颜,一译称阿古达,即金太祖。同前。

(二) 讲第二节：起"金人约宋灭辽",至"张邦昌为帝"止。金之灭辽也,宋人实助之,为约还辽所占地故也。然宋攻辽,卒不能克,仍借金力以取燕云。又纳金叛人,遂开战端。徽宗畏寇,禅位钦宗。金兵渡河,京师陷。钦宗仓猝求和,虏要二帝至其营,面议,旋为所虏。更用以汉制汉之法,立张邦昌①为楚帝。时河以北,半为金所有,北宋遂亡。钦宗,名桓,徽宗子。同前。

(三) 讲第三节：起"康王构",至课末止。邦昌虽称帝,以人心不服,不得已,遣使迎钦宗弟康王构,群臣咸劝进,遂即位于南京,今河南商丘县。即宋之高宗。乃即位之后,不急谋北伐,而定都于临安,

---

①　张邦昌：字子能,永静军东光(今河北省阜城县)人。其人惯持主和之议,时以议和使滞留金国。

识者已知其无能为矣。使当时能徇李纲、宗泽之请，重返旧都，则雪耻报仇，亦非难事。乃忠言不纳，畏葸性成，甘就偏安之局。良可惜也。其称为南宋者，以临安在汴之南，故云。李纲，字伯纪，邵武（今福建邵武县）人。宗泽，字汝霖，义乌（今浙江义乌县）人。同前。

（丙）整理

（一）回讲：同前。

（二）约述：［一］金之称帝始于何人？［二］徽、钦何以被虏？［三］高宗定都何处？［四］请高宗返汴者何人？

（三）联络比较：［一］阿骨打视安禄山何如？［二］宋之徽、钦，视晋之怀、愍何如？［三］宋高宗可比于东晋元帝否？［四］李纲、宗泽，视寇准何如？

（四）思考：［一］阿骨打称帝，辽何以不能讨？［二］金人灭辽，于宋之利害若何？［三］临安在今何省？［四］使高宗仍都汴京，能恢复黄河以北否？

（五）作表及填注地图：

$$
女真之兴
\begin{cases}
灭辽伐宋 \\
虏徽钦二帝
\end{cases}
\qquad
高宗之南渡
\begin{cases}
定都临安 \\
不能报仇雪耻 \\
尽失北方之地
\end{cases}
$$

备考

辽主天祚[①]，荒淫无道，征求无艺，其属女真苦之。时女真酋长阿骨打，雄杰有大志，举兵叛，屡战皆胜，遂称帝，国号大金，更名曰旻。时徽宗政和五年也。既而宋使人约金共伐辽，欲求石晋赂契丹

---

① 天祚：即耶律延禧，号天祚帝。

故地,金亦使人来聘。宋使童贯伐辽,贯败绩。宣和七年,金灭辽,金以宋受辽降将,遂与宋龃龉①。是年十月,金使其皇族黏没喝等,分道寇宋:一从山西陷太原,一从直隶陷燕京,长驱逼汴。徽宗乃传位于钦宗。靖康元年正月,金将斡离不围京师,帝许割太原、中山、河间三镇以和,金师乃退。是年八月,金又分道入寇。十一月破汴京,帝如金营请降。明年四月,金人胁二帝,及后妃、太子、宗戚、诸臣等,北去。高宗即位,改元建炎。元年十月,帝如扬州。二年七月,至瓜洲,得小舟渡江,奔镇江,又奔杭州。升杭州为临安府,因都焉。

高宗之即位南京也,首召李纲为相。纲至,慨然以修政事、攘夷狄为己任。遣张所抚河北,傅亮收河东,宗泽守京城,西顾关陕,南葺②樊邓,且将据形胜,以为守中原还二帝之计。在相位竟七十余日而罢。

宗泽为东京留守,屡出师挫敌,于京城四面,各置使以领新集之众。据形势,立坚壁二十四所于城外,沿河设连珠寨,以联合两河诸塞。于是陕西、京东西各路,咸愿听泽节制。泽上言京城不可弃,高宗不听。泽前后请高宗还京二十余疏,为汪伯彦、黄潜善所沮。泽忧愤卒。

---

① 龃龉(jǔ yǔ):有矛盾。
② 葺(qì):修筑。

第二十六　岳飞(一时间)

教材

岳飞,字鹏举,汤阴<small>在今河南</small>。人,南宋初之名将也。天性忠勇,

岳飞印

洞明兵法,善以少击众。与金人战,尤有功。金人为之语曰:"撼山易,撼岳家军难。"最后大破金兵于郾城,<small>在今河南。</small>进次朱仙镇。<small>在今河南。</small>两河豪杰,争先响应,中原几有恢复之望。时秦桧为相,力主议和,请帝召飞,日以金牌十二促之。及飞还,诬以谋反,杀之。金人狂喜,至酌酒相贺。同时又有韩世忠,尝以水师八千,与金兵十万相拒于黄天荡,<small>在今江苏。</small>金将大窘,虽幸而免,然自是不敢复渡江。

要旨

授岳飞概略,俾知宋南渡后之战功。

准备

岳飞肖像。南宋疆域图。

预习

笔记：绘图。复习前课，探揣李纲、宗泽既不见用，宋室图恢复者，尚有人否。

教授次序

（甲）预备

（一）检查预习：同前。

（二）指示目的：宋高宗迁都临安，坐使黄河以北，尽沦金虏，诸生既知之矣。然虏势方张，苟无北伐之师，则偏安之局，亦未可恃也。爰书课题于板，并指图像示之。

（乙）提示

（一）讲第一节：起课首，至"中原几有恢复之望"止。南宋之所以能立国者，恃有诸名将在也。诸将之中，以岳飞为第一。指附印图告之。其文曰："鹏举之印"。鹏举，其字也。飞之忠勇本于天性，与金人战，每以少击众，所向有功，洞明兵法故也。"撼山"等语，出自敌人，其威望可想矣。再指图中郾城、朱仙镇等地，告之此飞战绩最著处。当时北人思宋，岳军所至，豪杰争迎，咸以为恢复中原，在此时矣。汤阴，今河南汤阴县。郾城，今河南郾城县。朱仙镇，在今河南开封县西南。两河，河东为今山西，河北为今直隶，故曰两河。同前。

（二）讲第二节：起"时秦桧为相"，至"酌酒相贺"止。飞之志在恢复，高宗所深知也。使始终倚任之，则中原可清，两宫可返，无疑也。乃正当军事得利之际，轻信秦桧主和，亟召飞还。指上附高宗墨迹示之，此即当日召飞手敕也。桧恐飞不行，沮①和议，一日之中，金牌至者十二。飞于是不得不返，功败垂成，已属可惜。桧又以谋反诬飞，置之于死，不啻为金人除一劲敌。房党闻之，恶得不喜，又焉得不贺。秦桧，江宁（今江苏江宁县）人。同前。

（三）讲第三节：起"同时又有韩世忠"，至课末止。韩世忠者，与飞同为金人所畏者也。其战功，以黄天荡之战为最著。并指地图示之，即今江宁县东北江面。金人习陆战，而不习水战，故亦能以少击众，金将几为所擒，旋以计遁走。然自此一役，金人遂不敢南窥长江，功亦伟矣。韩世忠，延安今陕西肤施县。人。同前。

高宗敕岳飞

---

① 沮（jǔ）：阻止，败坏。

（丙）整理

（一）回讲：同前。

（二）约述：［一］岳飞用兵何如？［二］飞之战绩，最著者何地？［三］诬杀岳飞者何人？［四］同时以战功著者何人？

（三）联络比较：［一］岳飞视关羽何如？［二］金人之畏岳飞，视西夏之畏范仲淹何如？［三］秦桧之奸，是否甚于蔡京？［四］韩世忠，视韩琦何如？

（四）思考：［一］汤阴在今何省？［二］撼山与撼军孰易？［三］使时无秦桧主和，飞能恢复中原否？［四］金人何以不敢渡江？

（五）作表：

岳飞事略 ⎰ 天性忠勇
⎱ 洞明兵法
⎱ 郾城之捷
⎱ 朱仙镇之捷
⎱ 为秦桧所诬杀

备考

岳飞少负气节，家贫力学，尤好《左氏春秋》、孙吴①兵法。生有神力，未冠②挽弓三百石。学射于周同，同死，朔望③设祭，终其身。宣和时，应募从戎，金人入寇，隶宗泽麾下。数有功，泽大奇之，授以阵图，飞谢曰："阵而后战，兵法之常，运用之妙，存乎一心。"泽是其言。

———————

① 孙吴：孙武、吴起。

② 未冠：未成年。

③ 朔望：阴历每月的初一日和十五日。

　　绍兴十年，飞遣其部王贵、牛皋、杨再兴等，经略西京。又命梁兴渡河，纠合太行忠义社，取河东、北州县。又分兵东援刘锜，西援郭浩，自将大军，长驱以图中原，遂复河南州郡。乃留大军于颍昌，命诸将分道出战，自以轻兵驻郾城。兵势甚锐，兀术<small>金太祖子，一称乌珠</small>。大惧。会诸帅欲并力一战，飞曰："金人技穷矣。"乃日出挑战，且骂之，兀术怒，合龙虎大王、盖天大王，及韩常之兵，逼郾城。飞遣子云，领骑兵直贯其阵，战数十合，杀伤甚众。兀术以拐子马万五千来，飞戒步卒，以麻札刀入阵，勿仰视，但斫马足。拐子马相连，一马仆，二马不能行。飞军奋击，遂大破之。兀术复益兵而前，飞以四千（十）骑破之。兀术愤甚，合兵十二万，次于临颍。杨再兴以三百骑与之战，杀二千人，及其大将。再兴死焉，焚其尸，得箭镞①二升，飞痛惜之。复战，兀术夜遁，追奔十五里。中原大震，诸将屡战皆捷。飞进军朱仙镇，距汴四十五里，与兀术对垒而阵。遣背嵬军五百，奋击大破之，兀术还汴。于是两河豪杰李通等，率众归飞。金人动息，山川险要，飞皆得其实。中原尽磁、相、泽、潞、晋、绛、汾、隰之境，皆期日兴兵。其所揭旗，以岳为号。父老百姓，争馈糗粮，焚香迎候者，充满道路。自燕以南，金人号令不行。兀术欲佥②军以抗飞，河北无一人应者。兀术叹曰："自我起北方，未有如今日之挫衄者。"金大将多密受旗榜，举众来降，飞大喜，语诸将士曰："直抵黄龙府，与诸君痛饮耳。"方指日渡河，而秦桧定议，画淮以北悉畀③金人。飞上书力争，不听。速诏班师，一日奉十二金字牌。飞愤惋泣下，曰："十年之功，废于一旦矣。"飞以恢复为己任，不附和议。桧以飞不死，终梗和议。使人诬告飞部将张宪罪，辞连飞父子。

---

　　①　箭镞（zú）：箭头。

　　②　佥（qiān）：即"签"，下令征集。

　　③　畀（bì）：给予。

矫诏召飞父子诣狱，旋遇害。时年三十九。孝宗时，始昭雪，追复飞官，以礼改葬。飞既被杀，世忠不平，遂解职。尝骑驴西湖上，徜徉以卒岁。

第二十七　金世宗（一时间）

教材

　　和议既成，宋与金分疆而治。至宋孝宗时，金世宗即位，为其国最贤之主。政刑明断，自奉俭约，宫中之饰，不用黄金，命学士以金国文字，翻译经史，于是中华学术，被于女真。其时群臣守职，上下相安，刑部岁断死罪，或十七人，或二十人，几于刑措①。金人号为"小尧舜"。世宗没，孙章宗立，国势渐衰。数传至哀宗，与蒙古交兵，大败，遂为蒙古所灭。

金世宗钱

要旨

　　授金世宗概略，俾知女真入中原，渐与汉族同化。

---

　　① 刑措：将刑法弃置。

准备

金帝系表：

太祖阿骨打—太宗吴乞买—熙宗亶—废帝亮—世宗雍—章宗璟—废帝
永济—宣宗珣—哀宗守绪

预习

笔记：制表。复习本册第二十五"金人为女真族"至"号曰金"
一段，及前课"时秦桧为相"以下云云。

教授次序

（甲）预备

（一）检查预习：同前。

（二）指示目的：金之武功，可谓盛矣，然有武功而无文德，其立
国不可久也。诸生亦知金之贤主为何人乎。爰书课题于板，并指帝
系表中世宗示之。

（乙）提示

（一）讲第一节：起课首，至"被于女真"止。自宋高宗与金议和，以
淮水及大散关①等处为界。淮以南宋治之，淮以北金治之。孝宗
时，复议和，疆界如前。孝宗固宋之贤主，而金之贤主，则当推世宗。
明则无失政，断则无滥刑。黄金美饰也，世宗禁之，自宫中始。其俭

①　大散关：今陕西省宝鸡市南郊秦岭北麓。

约可知。至其以金国文字，翻译中国经史，使女真族人与汉族同化，则尤非囿于国俗者所可及。宋孝宗，名昚(同慎)，太祖六世孙。金世宗，名雍，太祖阿骨打之孙。同前。

（二）讲第二节：起"其时群臣守职"，至"金人号为小尧舜"止。世宗明断，群臣皆能守职，故上下安，狱囚简少，几于刑措，故有"小尧舜"之称。在金为极盛时代。指上钱图示之，文曰："大定通宝"。大定，世宗年号也。当时宋孝宗虽锐意恢复，适值世宗贤明，故卒不能使金让步。同前。

（三）讲第三节：起"世宗没"，至课末止。宋孝宗乾道十六年，金世宗卒，孙璟立，是为章宗。初政颇治，后渐怠荒，嬖佞①用事，纪纲不修，金政始衰。章宗无子，疏忌宗室，爱卫王永济柔弱，遂使为嗣。及即位，为臣下所弑，而立宣宗。时蒙古势已盛，宣宗传至哀宗，凡交战皆失利。始由燕迁汴，又迁蔡。城破，哀宗自经，金亡。时宋理宗端平元年也。哀宗，名守绪，宣宗子。同前。

（丙）整理

（一）回讲：同前。

（二）约述：［一］金世宗，与南宋何帝同时？［二］中华学术，何以被于女真？［三］小尧舜之称，因何而得？［四］金为何国所灭？

（三）联络比较：［一］金世宗，视魏孝文帝何如？［二］女真慕中华学术，视契丹效中国文治何如？［三］唐尧虞舜，视金世宗何如？

（四）思考：［一］俭约与奢侈，孰得孰失？［二］翻译与学术之关系。［三］刑措之世，尚虑有冤狱否？

---

① 嬖佞(bì nìng)：得宠之奸人。

（五）作表：

$$
金世宗事略
\begin{cases}
政刑明断 \\
自奉俭约 \\
以金国文字翻译经史 \\
群臣守职上下相安 \\
几于刑措 \\
金人号为小尧舜
\end{cases}
$$

备考

金世宗，初为东京留守，封曹国公。即位后，改元大定。尝语近臣曰：朕于宫室居处，惟恐过度，其必须兴修者，则省宫人岁入费以充之。

金人初用契丹字，太祖命完颜希尹，撰本国字。希尹乃依仿汉人楷字，因契丹字，合本国语，制女真字，太祖命颁行之。其后熙宗亦制女真字，与希尹所制字并行。希尹所撰，谓之女真大字。熙宗所撰，谓女真小字。世宗时，以女真字译中国经史，颁之各学。世宗在位二十九年而卒。

蒙古，故为室韦之一部，唐为蒙兀，亦号蒙骨斯。世为辽、金所役属，及合不勒为部长，起兵抗金。兀术讨之，连年不能克，与议和，册为蒙辅国王，合不勒不受，自号大蒙古国。及宋高宗绍兴十七年，乃与金和，金岁遗①甚厚。

合不勒，即元太祖成吉斯汗之曾祖也。

金宣宗时，蒙古成吉斯汗伐金，破之。及元太宗立，遂灭金。

---

① 岁遗（wèi）：每年进献的钱物。

第二十八　宋理学家(一时间)

教材

理学之名,始于宋代。其最著者:曰濂溪周敦颐,洛阳程颢、程颐,关中张载。南渡以后,曰闽中朱熹。是为濂、洛、关、闽四派。而朱熹晚出,尤兼四子之长。历事孝宗、光宗,均力持正论,为国家根本之图。宁宗朝,熹为侍讲,以触怒权贵,去职讲学,弟子益众。忌者虽有伪学之禁,处之夷然。作《大学》《中庸章句》、《论语》《孟子集注》合为四书,盛行于世。伦理之学,自是益重。

要旨

授理学家概略,俾知宋五子之学派。

准备

宋理学师承表。

$$\text{周敦颐} \left\{ \begin{array}{l} \text{程颢} \\ \text{程颐} \end{array} \right\} \text{张载——朱熹}$$

朱 熹

预习

笔记：制表。复习第二册第三，并注意末段"德行分科"与后世之关系。

教授次序

（甲）预备

（一）检查预习：同前。

（二）指示目的：自五代干戈扰攘，士习日非。然至宋而道德伦理之学，顾卓然开一新纪元。诸生亦欲闻之乎？爰书课题于板，并指师承表示之。

（乙）提示

（一）讲第一节：起课首，至"是为濂洛关闽四派"止。宋之理学，即今之所谓伦理，孔门所谓德行也。汉唐以来，初无此名称。自宋仁宗时，周敦颐以讲学名家，洛阳程颢、程颐从之游，遂传其学。张载讲学于关中，与二程论道，深服其言，命其徒师事之。关与洛遂为同派。南宋私淑①弟子，则有闽中朱熹，所谓濂、洛、关、闽也。总之支派虽分，渊源则一，是之谓宋理学家，亦谓之宋五子。濂溪，在今湖南道县西。洛阳，见前。关中，今陕西省。闽中，今福建省。同前。

（二）讲第二节：起"而朱熹晚出"，至"处之夷然"止。熹生南渡后，去北宋四子已远，服膺四子，独有心得，故能兼其所长。当孝光两朝，力辟和议之非，以为报耻报仇，恃乎一战。偶以所学施于政事，具有成效，非徒托空言比也。宁宗朝为侍讲，为宰相韩侂胄②所忌，罢官，归而提倡理学，从游者日益多，如黄幹、陈淳辈，皆入室弟子也。而侂胄党又日腾蜚语，斥为伪学。熹不与之辨，其以道自任，可想见矣。光宗，名惇，孝宗子。宁宗，名扩，光宗子。同前。

（三）讲第三节：起"作《大学》《中庸章句》"，至课末止。熹之著述甚多，其最著者，为《学》《庸章句》、《论》《孟集注》。《大学》《中庸》，本列《礼记》，自二程表章之，熹始辑出，合《论语》《孟子》，号为四书。自是伦理之学，益昌于世。宋理学家之有功世教如此。同前。

（丙）整理

（一）回讲：同前。

（二）约述：［一］宋理学家，最著者几人？［二］朱熹历事何帝？［三］朱熹何故去职？［四］朱熹之书，最盛行者几种？

---

① 私淑：私下以之为学习对象。
② 韩侂(tuō)胄：字节夫，河南安阳人。

（三）联络比较：［一］宋理学家，视春秋政治家何如？［二］周、程、张、朱学派，视老庄、申、韩何如？［三］朱熹注四书，可比孟子翼孔教否？

（四）思考：［一］理学与教育之关系。［二］濂、洛、关、闽，当今何地？［三］宁宗何人之子？［四］四书何人所著？

（五）作表：

$$
宋理学家\begin{cases}
周敦颐——濂 \\
程\quad 颢\ \Big\}\ 洛 \\
程\quad 颐\ \Big/ \\
张\quad 载——关 \\
朱\quad 熹——闽
\end{cases}
$$

备考

周敦颐，字茂叔，道州今湖南道县。濂溪人。博学力行，为政精密严恕，掾①南安今江西大庾县。时，通判程珦，知其深于道，使其二子颢、颐师事之。敦颐每令其寻孔、颜乐处，所乐何事。尝著《通书》，及《太极图说》，学者称为濂溪先生。

程颢，字伯淳；颐，字正叔，洛阳人。初同学于周敦颐，后游太学，师事胡瑗。颢尝求道，泛百家，出入释老②，反求六经而得之。其学本于识仁，识仁斯可以定性，其论治道，则以正心窒欲，求贤育才为先。著《定性书》，与周敦颐《太极图说》相表里。其卒也，文彦博采众论，题其墓曰：明道先生。颐之学，以诚为本，以穷理为用。晚年著《易传》，及《春秋传》等书，当时号曰伊川先生。二程性格不

----

① 掾（yuàn）：佐治，在官府中担任佐助官吏。

② 释老：佛学及老子学说。

同,明道和粹,交游未尝见其有忿厉之容;颐性严正,遇有非礼,诃责甚严。明道尝曰:"异日能尊师道者,吾弟也。"

张载,字子厚,郿_{今陕西郿县。横渠镇名在县东。}人。少喜谈兵,至欲结客取洮西,谒范仲淹,仲淹警之。因劝之读《中庸》,载犹以为未足。搜究释老之说,知无所得,反而求之六经,与二程语道学之要,涣然自信曰:"吾道自足,何待旁求?"遂尽弃其异学,淳如也。其为政以敦本善俗为务,为学以礼为先。著《正蒙》《理窟》及东西二《铭》等书。世号横渠先生。

朱熹,字元晦,婺源_{今安徽婺源县。}人。少有志求道,以其父松遗命,适崇安_{今福建崇安县。}从胡宪、刘勉之、刘子翚受学,第进士,主同安_{今福建同安县。}簿。闻延平_{福建南平县城西。}李侗,受业杨时门人罗从彦,隐居乐道,徒步往从之。侗尝教学者于静中观喜怒哀乐未发之气象,熹殚心潜思,卒得其传。杨时、罗从彦及侗,皆闽人,故称为闽派。熹之学,以居敬为主,穷理以致其知,反躬以践其实。著述甚富,如《易本义》、《诗集传》、《大学》《中庸章句》、《论语》《孟子集注》、《小学》、《近思录》、《通鉴纲目》等,皆其著者。宋宁宗初立,宰相赵汝愚荐熹为焕章阁待制,兼侍讲。时韩侂胄以外戚之故,浸①谋干政,且日夜谋去汝愚。于是群小居言路,专承侂胄风旨,排斥正士。朱熹、彭龟年先后以内批②罢去,汝愚寻罢相。又以朱熹等为伪学,禁用其党,削朱熹官。复严禁伪学,得罪者凡五十九人。越数年,始弛伪学之禁。

---

① 浸(jìn):逐渐。
② 内批:从宫廷传出的皇帝圣旨。

第二十九　贾似道(一时间)

教材

理宗朝,蒙古之焰日炽。宋任贾似道率师御之,似道不敢战,称臣割地,奉岁币以事之,不为耻也。会蒙古师退,似道伪奏大胜。未几,蒙古使郝经至,申前议,请如约,似道惧事露,拘之真州。在今江苏。蒙古怒,一意南征。理宗没,度宗立,加似道太师,恃以御敌,而似道益骄。度宗没,帝㬎立,始罢似道,而蒙古兵已入临安矣。

要旨

授贾似道概略,俾知南宋所由亡。

准备

南宋帝系表:

南宋高宗构—孝宗玮—光宗惇—宪(宁)宗扩—理宗昀—度宗祺—恭宗㬎—端宗昰—帝昺

预习

笔记：制表。复习本册第二十七"世宗没"以下一段，探揣蒙古灭金，宋人御蒙当何如。

教授次序

（甲）预备

（一）检查预习：同前。

（二）指示目的：自金亡，宋之外患，又在蒙古。朝有贤相，和战并用，犹惧不克自保，况复有误国之臣乎。爰书课题于板，并指帝系表示之。

（乙）提示

（一）讲第一节：起课首，至"不为耻也"止。南宋自孝宗以后，国事日非，一误于宁宗之任韩侂胄，再误于理宗之任史弥远①。弥远死，又专任一贾似道执朝政。迨蒙古忽必烈以兵围郑州，帝命出师援之，似道不敢与战，私遣使入敌营，立款求和。躬为大臣，无耻至此。宋室遂为蒙古所轻。理宗，名昀，宋太祖十世孙。贾似道，台州今浙江临海县。人。同前。

（二）讲第二节：起"会蒙古师退"，至"一意南征"止。会蒙古主死，诸王争立，忽必烈许和北归。似道伪奏诸路大捷，理宗以其有再造功，赏赉益厚。忽必烈既立，未暇图宋，但使郝经来告即位，且征前日请和之议，似道恐前事被泄，乃拘经真州，不令入见。蒙古主怒宋

① 史弥远：字同叔，明州鄞县（今浙江省宁波市鄞州区）人。

之失信也，遂议大举。于是南北交兵，无宁日矣。郝经，字伯常，潞州(今京兆通县)人。真州，今江苏仪征县。同前。

（三）讲第三节：起"理宗没"，至课末止。理宗在位四十年崩，度宗立，加封似道太师，以其有定策功也，且恃以御蒙。及襄阳告急，似道匿不上闻，骄纵益甚。度宗没，次子㬎立，是为恭宗。时谢太后临朝听政，北军已破鄂，似道不得已亲征。师溃江上，朝野多归咎似道，乃放似道循州，旋为仇家所杀。而蒙古师已由建康东驱，都城遂失守。度宗，名禥。㬎，音显。同前。

（丙）整理

（一）回讲：同前。

（二）约述：［一］贾似道御蒙之策何如？［二］蒙古使何人至宋？［三］蒙古何故怒宋？［四］罢似道者何帝？

（三）联络比较：［一］南宋末年之蒙古，视徽、钦时之女真何如？［二］贾似道是否贤于秦桧？［三］似道拘郝经，视匈奴囚苏武有无同异？

（四）思考：［一］使似道能与蒙古战，可免称臣割地否？［二］伪奏大胜，理宗何以不知？［二］两国议和，拘其来使可乎？［四］真州在今何省？

（五）作表：

$$
贾似道误国
\begin{cases}
求和于蒙古 \\
伪奏大胜 \\
拘使臣郝经，致蒙古南征 \\
度宗加似道太师，恃以御敌 \\
似道益骄 \\
蒙古入临安
\end{cases}
$$

备考

宋宁宗任用韩侂胄，侂胄专政十四年，权倾人主。宁宗没，理宗立，史弥远以定策功，专政，凡二十六年而死。国事遂不可为矣。

贾似道，字师宪，理宗妃贾氏弟。少落魄，游博不事操行。以妃故，积官至宰相。宝祐六年，蒙古分道南寇。开庆元年九月，蒙古忽必烈将兵渡江，遂围鄂州。帝命贾似道军汉阳以援鄂，蒙古攻城益急，似道大惧，乃密遣宋京至蒙古营，请称臣纳币割地以和。会蒙古主宪宗死，诸王争立，忽必烈许和北归。似道诡称诸路大捷，理宗以其有再造功，赏赉有加。忽必烈旋即位，是为元世祖。以翰林侍读学士郝经，为国信大使来告即位，且征前日请和之议。似道恐事泄，竟拘经于真州之忠勇营。蒙古主怒，使阿术为征南都元帅，置两统军司，大举南侵。度宗咸淳四年，蒙古兵围襄阳。七年，又分兵侵嘉定诸路。九年，樊城及襄阳皆陷。度宗没，恭宗立。德祐元年，似道出次芜湖，既而蒙古兵克池州，宋将孙虎臣、夏贵之师，溃于江上。似道奔扬州，诏免官，流循州，今广东龙川县。监押官郑虎臣杀之于路。明年，蒙古兵入临安。

第三十　文天祥(一时间)

教材

　　方蒙古之逼临安也,宋廷急征四方兵入卫,罕有应者。独文天祥慷慨起兵,尽散家财,以佐军饷。师入,而已无及,帝㬎及太后均被虏。于是天祥等立帝㬎兄昰,于福州,在今福建。是为端宗。元兵又逼之,南奔硇洲,在今广东。未几,崩。宋臣又立帝昺,迁厓山,在今广东。旋为元将张弘范所陷。宋臣陆秀夫抱帝投海死,宋亡。天祥初奉使于元,为元所留,后逃归,与元兵战败被执,因于燕,三年,终不屈,元乃杀之。尝作《正气歌》,激昂慷慨,凛然有生气。

文天祥

要旨

　　授文天祥概略,俾知宋臣之气节。

准备

文天祥肖像。

预习

笔记：复习前课，探揣临安破后，宋室尚存否。

教授次序

（甲）预备

（一）检查预习：<small>同前。</small>

（二）指示目的：贾似道误国，诸生既知之矣。虽然，莫谓宋廷竟无人也，特患其君用之不早耳。爰书课题于板，并指肖像示之。

（乙）提示

（一）讲第一节：<small>起课首，至"是为端宗"止。</small>文天祥，字宋瑞，吉水<small>今江西吉水县。</small>人。帝㬎时，为江西提刑。临安被围，召勤王兵不至。天祥独毁家纾①难，募兵入都。既至，城破，帝与太后均被虏。天祥得间亡去，遂走福州，共立端宗昰，以图恢复。<small>端宗，初封益王。昰，是本字。同前。</small>

（二）讲第二节：<small>起"元兵又逼之"，至"宋亡"止。</small>端宗既立，以陆秀夫为左丞相，天祥为右丞相。时宋之疆域，丧失殆尽，惟淮东、

---

① 纾（shū）：解。

重庆,尚坚守不下,其余则仅有今闽广三省,及浙赣南部而已。及元兵日逼,浙东闽广相继削夺,帝奔碙洲,旋卒。帝昺继立,避于厓山以待援。元将又以兵来逼,秀夫知不可为,免帝为虏受辱,遂与帝沉海以殉。_{碙洲,在今广东吴川县南海中。帝昺,初封信王,恭宗弟。厓山,今广东赤溪县东。陆秀夫,盐城(今江苏盐城县)人。同前。}

(三)讲第三节:起"天祥初奉使于元",至课末止。初天祥勤王临安,太后以事急,诏罢兵,命天祥使虏营议事。抗词不屈,被拘。旋得间逃归福州,谋再举。继与元兵战于潮州,不利被执。元世祖爱其才,欲用之。天祥不屈,遂遇害。《正气歌》一篇,居燕时所作也。人谁不死? 若天祥者,百折不回,从容就义。讵[1]非大宋一朝之特色哉! _{燕,元大都,今京兆。同前。}

(丙)整理

(一)回讲:_{同前。}

(二)约述:[一]文天祥因何起兵? [二]帝昰之后,何人继立? [三]投海殉国者何人? [四]天祥被执后,情状若何?

(三)联络比较:[一]蒙古兵入临安,视金兵入汴何如? [二]文天祥,与岳飞同异? [三]陆秀夫,可称理学家否? [四]天祥作《正气歌》,视苏武持节牧羊何如?

(四)思考:[一]使宋室早用天祥,南宋可不亡否? [二]端宗及帝昺,何人之子? [三]碙洲与厓山,在今何地? [四]使天祥不遇害,仍有志图恢复否?

(五)作表:

---

① 讵:岂,如果。

文天祥事略 {
起兵入卫临安
尽散家财,以佐军饷
奉使为元所留,逃归
立端宗于福州
兵败被执
囚燕三年不屈
作《正气歌》
为元所害
}

备考

文天祥,理宗时试进士,以第一人及第①。后提刑江西。元兵迫临安,诏天下勤王,天祥率兵入卫,与元兵战于常州,兵败,召归朝,除知临安府。时陈宜中当国,惟事蒙蔽,不能措一策。元兵既逼,宜中请遣使如元称臣乞和,元将巴延不许,进军皋亭山。浙江杭县东北。天祥与张世杰②,请三宫入海,而率众背城一战。宜中不许,白太后,遣使奉玺降元。张世杰愤率所部入海为后图。召宜中议降事,宜中遁去。乃改命天祥为右丞相,如元军,抗词不屈,为巴延所留。元军遂入临安,封府库,收图籍符印,以帝及太后等北去。初,元军之逼临安也,天祥请以益王昰、信王昺,判③闽、广。遂以昰判福州,昺判泉州,故不及于难。恭帝既北,陆秀夫等闻二王走温州,相继追及于道,使人召故相陈宜中,张世杰亦率兵至,共入福州,立昰为帝。天祥被元兵虏至镇江,得间亡走真州,展转至温州,抵福州,端宗以为右丞相。元兵来逼,端宗又迁硐洲,得病而卒,年仅十

_____

① 第一人及第:即状元。
② 张世杰:涿州范阳(今河北省涿州市)人。
③ 判:唐宋官制,指由高位兼低职或出任地方官。

一。弟昺继之，迁于新会之厓州。时官兵尚二十余万，多居于舟。未几天祥兵败潮阳，为元人所执。世杰兵溃，陆秀夫先驱其妻子入海，谓帝昺曰："国事至此，陛下当为国死。德祐^{恭帝年号}。帝辱已甚，陛下不可再辱。"即负之赴海死，诸臣从死者甚众。天祥被执，过吉州，不食八日，不死。既至燕，幽囚数年，作《正气歌》以见志，后为元所杀。其衣带中有赞曰："孔曰成仁，孟曰取义，惟其义尽，所以仁至。读圣贤书，所学何事，而今而后，庶几无愧。"元主叹曰："文天祥好男子，惜不肯为我用。杀之诚可惜也。"